狙い通りに

お客さまが動く！しかける販促術

眞喜屋実行 著

旭屋出版

3秒後に

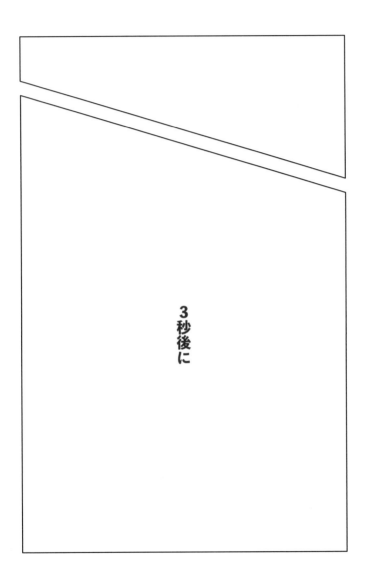

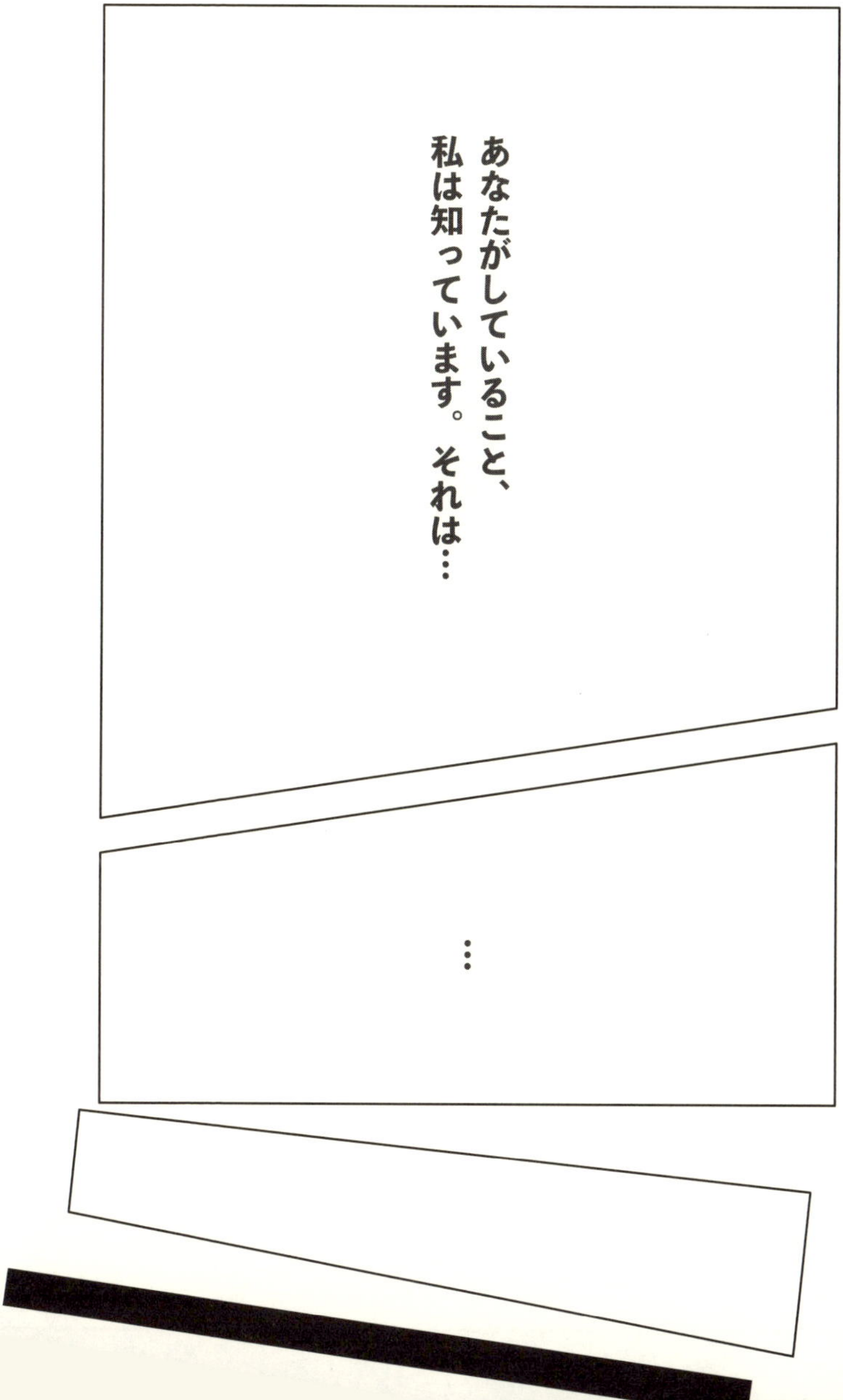
あなたがしていること、
私は知っています。それは…
…

こ↑の文字を読んでいる。

「そんなの当たり前だろ！」と思いましたか？　はい！　私もそう思います。でも、その当たり前がとっても大事です。

人には「行動パターン」があります。「本は、ページをめくるもの」です。ページをめくったら次のページの1文字目に目が向きます。**「本→めくる→1文字目に注目」ここまでがセット**になっているんです。これを「当たり前のことだろ」と知らんぷりしてもいいんですが、あえて知らんぷりせずに「人が行動を起こすパターン」だと捉えると、イイことをたくさん起こせます。あなたの業績アップにつなげることができます。しかも早いです。成果が出るまでのスピードが。早ければ始めたその日のうちにです。事実、「本形式のしかけ」を活用して「本日のおすすめメニュー」の注文率を2倍に上げた居酒屋オーナーさんもいます。

このような行動パターンがたっくさんあります。何かしらの状況や「しかけ」をきっかけにして、**「自動的に行動を起こすパターン」**です。**「3秒で動き出してくれるパターン」**です。はい、たくさんあります。それをあなたのご商売に活かせば、あなたの狙い通りにお客さまが行動してくれるようになります。あなたはお客さまにどんな行動をしてほしいですか？

手始めに、人が3秒で行動を起こすパターンをもう少し紹介してみようと思うのですが、1つ注意していただきたいことがあります。

次のページをめくるのは、なるべくならあなたが「お一人」の時にしてください。

だって、「**エッチなところを触っている画像**」**を掲載**してしまいましたので。私自身もちょっとはずかしいです。こんな画像を掲載していいものかと判断に迷いましたし、自分でこの画像を撮影していること自体もはずかしくって…。

はい、エッチなところをやさしく触ってしまいました。こんな画像を一人で夜な夜な撮っている自分がまたはずかしいです。

あ、すみません…怒らないでください…。

これも3秒で「自動的行動」を促す「しかけ」だったんです。ほら、何らかの感情を持ってページをめくりましたでしょう？ページをめくらずに本を閉じることはしなかったでしょう？76ページに記載した「**ホントかよ効果**」と158ページに記載した「**私への興味を作る小悪魔の9テーマ**」を組み合わせた「しかけ」なんです。

まだまだありますよ。

こちらもそうです。

ひっくり返された私の顔写真とふき出し。そして、逆さ文字。28ページに記載した「**人の目線を集める7つのダシ**」のテクニックを使いました。

これも目線が向いてしまうし、本を逆さまにしてセリフの文字を読んでくれた方もいるかもしれませんね。そうでなくても、逆さ文字は通常よりも頭を使って理解をしてくれようとしたのではないでしょうか? 人が自動的に行動するパターンを使っているからです。

初めから全力で飛ばしていきます。

もう2つ、紹介しましょう。

「いつやるの?　――でしょ!」

「人民の、人民による、――のための政治」

どうでしょう？頭の中で空欄を埋めてしまいませんでしたか？

私は人が3秒で動き始める「しかけテクニック」の専門家です。しかけデザイナーを名乗っています。いつもこんなことばかり考えています。その「しかけ」を考える時にめちゃくちゃ大事にしていることを3つ、ランキング形式であげるとするとこうなります。

第3位：無理やりに相手を行動させようとしないこと
第2位：なんとなくではなく、理に適ったテクニックを使うこと

どうでしょう？

そういう点を心がけて「しかけ」を作っていると、お客さまって我われの狙い通りに自然と動き出してくれます。しかも「3秒」で。

この本に少しは期待してくれましたでしょうか？

序章ですが、3秒の「しかけ」の例をいくつもあげています。専門用語で難しく説明するよりも、楽しいことをたくさん共有したいですし、すぐに使えるネタをこれでもかってほど披露したいと思っているからです。

え？
「しかけ」を考える時の1位…ですか？

ありがとうございます。気にしていただいて（あれ？気にしてくださいましたか？）
まぁ、そういうことです。

3位、2位とくれば1位が気になる。それが普通ですよね。
これも人が自動的に行動をするパターンの1つです。頭の中が動き出す仕組みです。
（1位は「あとがき」に書きました。とっても大事なので）

何度も言いますが、人には行動パターンがあります。
何らかの状況や「しかけ」をきっかけにして、多くの方が同じような行動を起こす。同じような頭の動きが始まる。そういう行動パターンがた――っくさんあります。それをあなたのご商売の中で再現すれば、お客さまは動き始める。

そう、あなたの狙い通りにです。

それを実現するのが「しかけ」です。本書でとことん共有していく「**3秒で人を動かすしかけテクニック**」です。


だからお願いがあります。

本書に記載したテクニックは、どうか悪用しないでください。

すべて「小手先のテクニック」です。すぐに実践できて成果も早い。本を読んで5分後から始められて今日から成果が出るテクニックもあります。あなたが扱っている商品がいいものなら本書の「しかけ」も活用してもらえるとうれしいですが、仮に粗悪なものを扱う人だったとしても、本書の「しかけテクニック」を使うとお客さまは動いてしまうのです。


どうかお願いいたします。

あなたの金儲けのために、お客さまを食い物したい方はここで読むのをやめてください（**ホントは本を買ってほしいんですが、正義ぶってみました**）。


お客さまに喜ばれる商売をしている方に、このテクニックはお使いいただきたいと思っています。そういう方だけ、この後も読み進めていただき、活用いただけたら最高に幸せです。

この本は、ある意味、私の集大成の本なんです。

30歳直前に起業して11年。苦労を重ねてきた中でためたテクニックたちです。本書にとことん書き記しました。これでもかってほど書き記しました。全部で140以上の具体的なテクニックになります。ホント今の私が出せるものは出し尽くしました。私自身、もう二度と著書は出ないかもしれないというほどに出し惜しみしないで書きました（とはいえ、私だってまだ成長してますから、しばらくするとネタはたまると思いますけどね）。間違っても、自分の仕事につなげるために「この続きは直接のご相談で」なんてこともしていません。本書だけで役立てるようとことん出し切りました。

ここで少し、私が何者なのかお話させてください。ただし、「しかけ本」ですので普通の自己紹介をしてもつまらない。ちょっと変わった自己紹介をさせてください。

これから書く3つのエピソードは、すべて私自身のことで、「6ヶ月間のお金」をテーマにしたものです。ただし、3つのエピソードのうち1つは**大ウソ**です。2つは本当、1つはウソです。どれがウソか見破れますか？（私、割とウソがうまいんですよ）

●独立してから6ヶ月間の合計売上は数百円でした。
●29歳の頃に店長を務めた焼肉店では、着任時の昨年対比が85％でしたが6ヶ月間で100％を超えました。
●出会って1週間でプロポーズした奥さまに渡した結婚指輪は、当時のお給料の6ヶ月分でした。

どうでしょう？どれがウソか見破れましたか？


はい！勘のいい方はお気づきかもしれません。

これも「人が3秒で自動的に行動を始めるしかけ」です。「1つだけウソ」があると言うと少し前のめりになってもらえます。シンプルに自己紹介をする場合は、読み手・聞き手は受け身ですけれど、「1つウソがある」となると、見破るためにグッと前のめりになります。意識を変える「しかけ」の1つです。

また、この3つのエピソードを選んだ理由も158ページの「**私への興味を作る小悪魔の9テーマ**」を読んでいただくと納得していただけるかなと思います。

では、そろそろウォーミングアップはおしまいにして本題に入りましょう。

本書では合計すると１４０以上の具体的なテクニックが掲載されています。どれも人が自動的に動き出す生々しい技術ばかりです。１回読んですべてを覚えることはないと思いますので、ぜひ、「これは使えそう！」「これは自分に置き換えて使いたい」という項目はチェックしておいてください。本書を読み終える時には、やりたいことがいくつも生まれていることを願っています。また、本書に掲載している技術は、どこの項目から読んでも問題ありません。５分で始められるテクニックもあるので、ぜひ、すぐに実践してほしいです。今日から売上アップをすることも全く夢じゃありませんよ。そして、できたら本書を辞典がわりにして、販促策を練るのに活用していただけたら最高にうれしいです。

10年後だって20年後だって効果を発揮してくれることでしょう。

では、始めてまいりましょう。

〈目次〉

※本書は月刊「近代食堂」で連載した「しかければお客さまは動く」を新たに加筆・訂正し、再編集したものです。

第1章

「もっと教えて！」
1秒で目を奪い、
3秒で興味を生み出す
テクニック

■1秒で目線を集めるには、7つのダシを使いなさい

いきなりですが、実験にご協力いただいてもいいでしょうか？

次のページを見るのは「**1秒だけ**」にしてほしいんです。パッと1秒だけ見て、すぐに次のページをめくってください。

1秒だけですよ。

ハイッ!!どうぞ!!←

ぬ

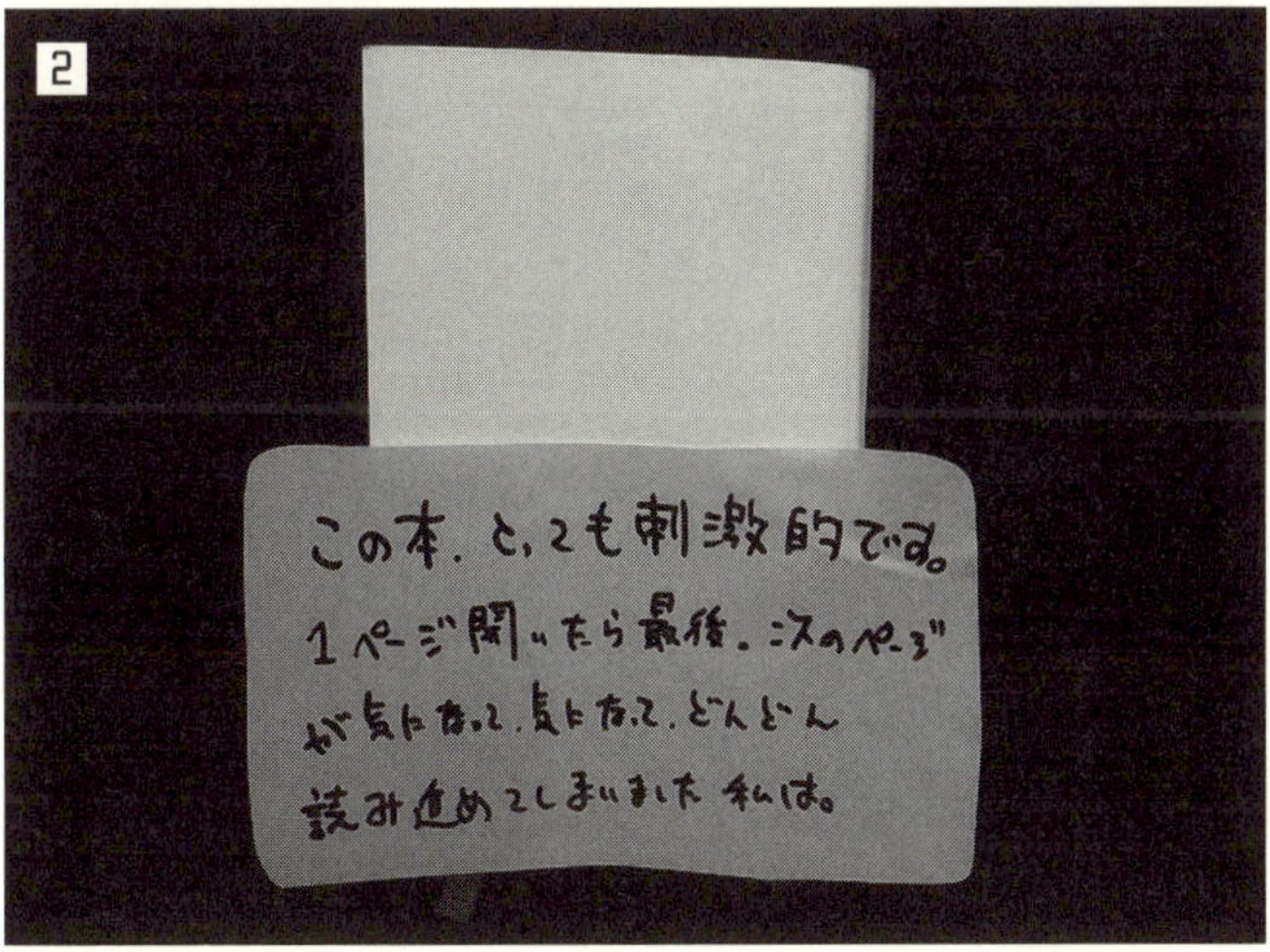
この本、とっても刺激的です。
1ページ開いたら最後、次のページ
が気になって、気になって、どんどん
読み進めてしまいました 私は。

ご協力ありがとうございます。

さて、どうでしょうか?

前のページには2つのポップ写真が掲載されていました。前のページに戻らずに思い出してもらえませんか?

・2つのポップには何が書かれていましたか?
・どんなものがついていたでしょうか?

どんなことでも構いません。目に浮かぶことを思い出してみてください。

どうでしょう?
より鮮明に思い出せた方はどちらでしょうか?上側?下側?
上とか下とかは覚えていないけど、犬があった方?「ぬ」と書かれた方?
何を思い出せますでしょうか?

はい、そういうことです。

人には、自然と目が向きやすい要素とそうでもない要素があります。目線が向きやすい要素を使えば、自然とお客さまは目を向けてくれます。どんなにいい商品でも、どんなにいいキャッチフレーズでも、まず目を向けてもらえないと始まりません。いい商品であるほど大切です。

ちなみに、先ほどの2つの画像は、私が販促セミナーをさせていただく時にも実演グッズとして使用しているものです。どちらを覚えているか、結果はいつもほぼ同じ、犬です。

これから解説する「目線を集める7つのダシ」の「かおダシ」「ふきダシ」「はみダシ」のテクニックを使いました。

あなたのイチオシ商品はホントにお客さまの選択肢に入っていますか？お客さまが目を向けてしまう要素として「**目線を集める7つのダシ**」があります。こだわりにこだわった商品やサービスでも、どんなにいいお店でも、今が一番旬のメニューでも、最高のキャンペーンでも、お客さまの目に留まらなければ宝の持ち腐れです。まずは目を向けてもらう工夫をしましょう。

人がつい目線を向けてしまうのはいくつかの要素があり、販促や広告で使いやすいのは次の7つです。私はそれを**「目線を集める7つのダシ」**とまとめています。

1：かおダシ
2：ふきダシ
3：はみダシ
4：とびダシ
5：しじダシ
6：動きダシ
7：違いダシ

この7つです。1つずつ画像と共にポイントを解説しますね。まずはビフォー画像（写真3）を見てください。こちらはまだ「しかけ」をしていないものです。とてもシンプルな黒板ポップです。こちらに7つのダシを加えていきますね。

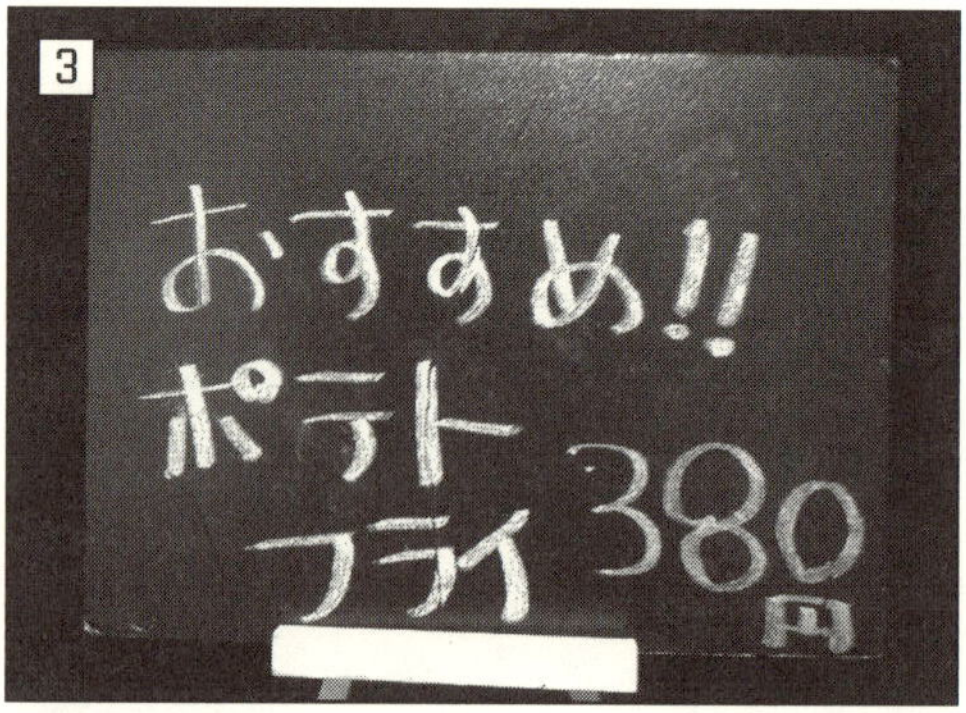

1：かおダシ

どうでしょう。ビフォーと比べて目立ちますでしょう？**人は顔に目を向けてしまう性質があります。**古くは原始時代、いつ獣に襲われるか分からない時代からの性質のようです。まぁ、細かいことは考えなくてもいいです。人は「顔」に注目をしやすい！だから、お店の販促物に顔を入れるとお客さまの注目度が上がる！覚えるのはそれで十分です。カンタンでしょう？

だから、「かおダシ」です。「かおダシ」には3つの出し方があります。1つ目は「**写真**」（写真4）。スタッフさんや店長さんの写真をポップなどに掲載しましょう。写真は臨場感が現れます。写真を印刷して切り抜き、今使っているポップに付け足してみましょう！本当にお店にいるスタッフさんの顔写真ならば、お客さまからも親近感を得やすくなりますよ。

さらに、細かなテクニックを1つ。

「表情」を変えてみましょう。スタンダードは笑顔（写真5）ですが、別の表情があるとまた面白い効果も得られます。例えば、「泣いている表情（写真6）」の写真だったらどうでしょう？見たお客さまは勘繰ります。「どうして泣いているんだろう？」って。頭の中に「？」が作られます。これがポイント。**「？」ができるとそれを解消したくなるものです。**「？」を解消するためには文章を読むことになります。そう！キャッチフレーズや説明文に目を向けてもらう「しかけ」になるんです。スタッフさんが「怒っている表情」（写真7）も同じことが起きます。「何に怒っているんだろう？」と頭の中に「？」が作られたら、「？」を解消したくなりますから。「かおダシ」のスタンダードは笑顔ですが、狙いを持ってこうした表情をつけることはアリです。選択肢に入れてみてくださいね。

「かおダシ」の仕方の2つ目は「**イラスト**」です。スタッフさんの似顔絵や、お客さまをイメージしたイラストはやさしい雰囲気を演出することができます。お客さまをイメージしたイラストを使えば、「お客さまの声」を掲載する時に伝わりやすいですね。このイラストのパターンでも表情に変化をつけることは有効です。お店や商品の雰囲気に合うならば動物などのキャラクターでもいいでしょう（写真8）。動物キャラは可愛らしさが演出できますので。

「かおダシ」の仕方の3つ目は**パーツの**「**ドアップ**」です。例えば、「目」のドアップ写真やイラスト。すごく目力を感じます。また、「鼻」だけをピックアップしたイラスト。鼻が表示されていたら、何か鼻を意識するメニューなんだということが伝わりますので「香り」を嗅いでほしい商品の場合は有効です。同じように「耳」のアップイラストは、何か音がすることをイメージできますので、お客さまも耳を澄ましたくなるでしょう。

このように顔の部分だけをピックアップし

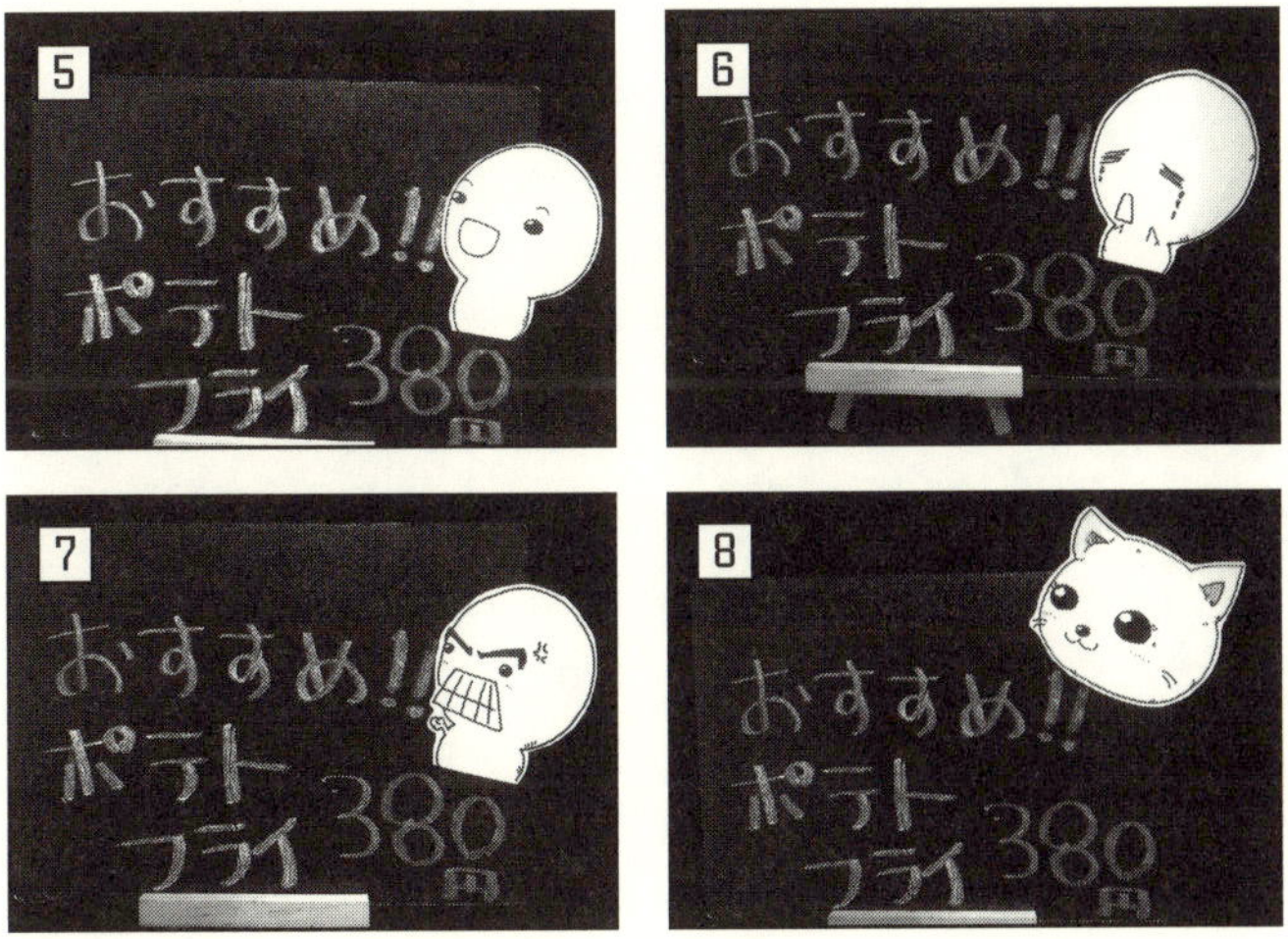

て表示することで、お客さまの意識をそれぞれの感覚に向けることができます。応用編ではありますが、特にお客さまに感じてほしい箇所があるなら、ぜひ、チャレンジしてみてくださいね。

2：ふきダシ

マンガによくある「ふき出し」です。先ほどの「かおダシ」と組み合わせることでよりパワーアップします。マンガでは「ふき出し」の中にキャラクターのセリフが書かれますよね。それを利用しましょう。「ふき出し」にコメントを書くと存在感が変わりますよ（写真9）。

「ふき出し」を使わずに直接文章を書く場合、お客さまは「文章を読む」という行為をすることになります。では、「ふき出し」を加えたらどうでしょう?急にマンガっぽくなります。文字を読むよりも「マンガを見る」方が負担を感じないでしょう?「**ふき出し**」**にすると**「**負担なく**」**読むことができるようになります。**さらに、「ふき出し」はキャラクターがしゃべっている言葉です。読むのではなく「聞く」というような感覚も生まれるのでしょう。注目度が高いです。

「ふき出し」もカタチによって、印象が変わります。丸型の「ふき出し」であれば、普通にしゃべっている印象。爆発しているようなカタチの「ふき出し」であれば、勢いよくしゃべっている印象が得られます。そして、「ふき出し」の中の文字の大きさでも印象は変わります。大きな文字でドーンと書けば勢いを感じますし、逆にあえて小さい文字にすると「こっそり話している」ような印象を与えることもできます。オモシロいですね。

最後に、「ふきダシ」を使う時の注意点があります。それは「ふき出し内の文章は短く」することです。文字が多ければお客さまは「読む負担」を感じてしまいますので、せっかくの「ふき出し」の威力も半減してしまいます。できるだけ短いフレーズに抑えるようにしましょう。せっかくの「しかけ」も使い方を間違えると効果がなくなってしまいますからね。

ちなみに、映画の字幕は1秒当たり4文字以下が目安だそうです。ポップなどで使用する「ふき出し」でも3秒＝12文字以内を目安にしてみてください。

3：はみダシ

写真の4と10を見て下さい。どちらも使っているパーツは同じですが少し雰囲気が違いませんか？パーツを付けている「位置」が違います。4が「はみダシ」をしたパターンです。こちらの方が目立ちますでしょう？

枠の中におさまっている10は整理されていて見やすいかもしれません。でも、この〝見やすい〟が曲者です。見やすいのはいいことのように思いますが、目立つ・注目を集めるという点では大敵です。我われはお客さまに目を向けてほしいんです。そのためには「他とは違う」

と認識してもらわないといけません。どんなに見やすくても、誰からも見られなかったら伝わりません。**違和感があった方が人の目は向きます。**我われはまずお客さまの目に留まって見ていただいてなんぼです。

だからこそ「はみダシ」。出る杭が打たれるのは、その他大勢の中からはみ出して目立っているからです。目立っているからこそ、疎む人がいるのです。「はみダシ」は目立つためのとても大切なテクニックです。ぜひ、ポップや黒板などでは一部のパーツを「はみ出して」取り付けてみてください。パーツの取り付け方を少し変えるだけ。カンタンでしょう？ ちなみに、序章の7ページの逆さ写真は、この「はみダシ」の応用バージョンです。私の顔が紙面からはみ出して見えなくなっているパターンです（本当はしっかりとはみ出したいのですが、本ではできないので、あなたの頭の中ではみ出すようにしました）。

4：とびダシ

先ほどの「はみダシ」が平面的な「はみダシ」だとしたら、この**「とびダシ」は立体的な「はみダシ」です。**写真11を見てください。これを横から見たのが写真12です。平面から立体的に飛び出すようにポップをあと付けしました。取り付けのつなぎに使ったのは画用紙。もちろん他の素材でもOKです。

このように平面から「とびだした」ものは、「あ、いるぞ！」という存在感が出て注目度が高まります。

11

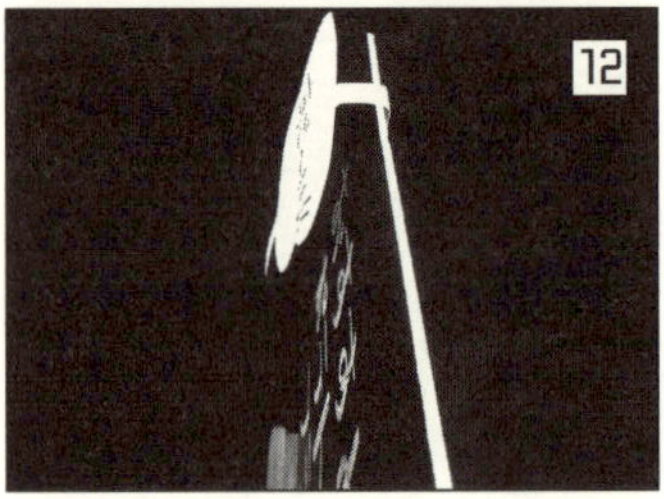
12

5：しじダシ

5つ目は「しじダシ」です。「しじダシ」とは何か？「こっちですよ」「こちらを見てくださいね」という風に、お客さまに行動の指示を出すことです。一番分かりやすいのは「矢印」でしょう。写真13を見てください。こんな風に矢印があれば、その先を見ますでしょ？そういうものです。そういうものなんです。すごーくシンプルな「しかけ」なんですけど「**その先に何かある**」**と感じると、人はそちらを見てしまうんです**よね。もちろん、矢印以外の方法もあります。指差しマークでもいいですね。指差しマークを使う時は「かおダシ」と組み合わせる

とさらに効果的です。

この「しじダシ」が活躍するのは、新しくポップなどを作る時だけではありません。既存のポップ類の効果を高めるためにも有効です。例えば、すでに店内に貼られているけれど、そんなに目立っていないポスターがあるとします。そのポスターにも何とか目を向けてもらいたい場合にも、この「しじダシ」は使いやすいです。ポスターの中でも注目をしてほしい一部分に対して、矢印マークを貼り付けてみてください。矢印の先に注目が集まりますから。もちろん、取り付ける際は、ポスターの枠から少し「はみダシ」て設置しましょうね。それだけでポスターが復活するかも！今日から！

6：動きダシ

フラワーロックってご存知ですか？音が鳴ると踊り出すお花のおもちゃです。フラワーロックが動き出すと、つい目が向いちゃいませんか？先日、新宿歌舞伎町のゲームセンターの店頭に犬のおもちゃが設置されていました。ワゴンの中で元気に（たぶん電池で）動いていました。人って**「動く物に目が向き」ます。**シンプルですがそういうものです。写真12を見てください。「とびダシ」で使ったパーツですが、その取り付けは画用紙で行いました。すると近くを人が歩くとひらひらと揺れます。エアコンの風が当たると揺れます。人は動くものに目が向く、だから自動的に動くものか、何かのきっかけで動き出すものを設置するといいでしょう。これも有効な「しかけ」です。

7：違いダシ

周りと違う見た目だと「違い」が感じられて目を向けてもらいやすくなります。周りのお店が同じような看板を付けていたら、全く違う看板にしてみたり、集客や求人でフリーペーパーに掲載する時に、周りとは違う見せ方をしてみたり。

また、店内の陳列であっても1ヵ所だけ赤い絨毯を敷いてみたり、ライトアップしてみたりすると、目立ちます。メニューブックでたくさんのメニューが並んでいる中に1つだけものすごく文字が大きかったり、写真がアップだったり、他と違う存在感があると目が向きます。周りと違うと目が向く。逆を言えば周りと似ていると…そういうことです。

ちなみに、冒頭の7ページの逆さ写真にも、実はこの技術を盛り込んでいました。ふき出しの文字が逆さまでしたでしょう? 周りとは違う見せ方にしてみました。違和感もあり気になる存在になりませんでしたか? 周りと違うと目が向きやすく注目度も上がります。

どうでしょうか?

これらの「**目線を集める7つのダシ**」は早ければわずか5分間の準備で始められます。しかも今日から手ごたえ・成果が見込めるものです。お金もほとんどかけなくてもOK。できそうでしょう?

実際にこのテクニックを活用して成果をあげている方も大勢いますよ。例えば、このような感じです。

●お茶の試飲会でのポップ（写真14）。「しかけ」を加えることで立ち止まってくれた方が約2倍に！

●飲食店でレモンサワーのポップに「はみダシポップ」を（写真15）。その効果もあり、値引きをしなくても売れるようになり、売上と粗利がアップ。

●エステサロンに物販品を卸すメーカーさんは、「かおダシ」や「めくるしかけ」を盛り込んだ「しかけポップ」を制作し、サロンに提供。スタッフさんと狙いを共有することで3ヶ月で販売数を5倍に。

このテクニックを使用する際に、大事な大事な注意点があります。

それは、「なんでもかんでも目立たせようとしないこと」です。お客さまに見てほしいからと言ってやり過ぎないこと。10ヵ所も20ヵ所も目線を集めようとしたら、お客さまは結局どこを見ていいか分かりません。**お客さまが一度に見られるのは1ヵ所だけ。**どこに注目してほしいのかを絞ってから、この「しかけ」を使うようにしましょう。

また、このテクニックの最後に1つ悲しいお話もさせていただきます。

すぐに成果の出る「しかけテクニック」なので、逆もしかりなんです。実践を始めて何日か経っても一向に手ごたえがない場合は、きっとこれからもずっと手ごたえはないでしょう。「きっといつか成果が出る」と待っていてもたぶんその願いは叶いません。工夫しなおしてみてください。言葉を変えたり、取り付ける位置を変えたりして。そうした工夫を毎日のようにできるのがこのテクニックの利点でもあるんですよ。

■「もっと教えて！」興味はこの公式で作り出せる！

ダメ！分かりやすく伝えようとしちゃ！

これを強く主張したいんです！私は。

我われ商売人は多くの場合、「分かりやすく伝える」必要はありません。誤解を招く表現だとは分かっていますが強く言いたいところなんです。「分かりやすく伝える技術」はとっても大事です。でも、それよりももっともっともっと――――――っと大事なことがあるんです。「**分かりやすい伝え方**」**が有効なのは**「**分かりたい**」**と思っている人に伝える時だけ**です。相手が「分かりたい」と思っていない時にはいくら分かりやすく伝えたって、何の意味もありません。無価値です。

我われ商売人に必要なのは「分かりやすい伝え方」ではありません。

大事なのは、「**分かりたくなる伝え方**」です。お客さまが「分かりたい」と思ってくれたら、その後の内容はスッと吸収をしてもらえます。分かりたくない人に分かりやすく伝えるのは「分かりやすいの押しつけ」でしかありません。

相手の「分かりたい」は、「しかけテクニック」で生み出すことができます。いくつかの方法がありますが、ここでは「言葉の組み合わせ方」で興味を生み出す方法をお伝えさせてください。「**モノごと編**」と「**自分ごと編**」に分けてテクニックを解説します。これを知っているか知らないかで、今後の表現が大きく違ってくるはずです。だって、カンタンな言葉の組み合わせをするだけでお客さまが「もっと教えて」って前のめりに興味を持ってくれるようになるのですから。

このテクニックは、チラシやポップのキャッチフレーズだけでなく、商品名やブログのタイトル、メールマガジンのタイトルや初めの一文、接客トークの初めのひと言などでも有効です。あなたのイチオシ商品を思い浮かべながら、読み進めてくださいね。

「興味」を作る（モノごと編）は、この公式で表すことができます。

【知っている×知らない】

この公式に言葉を当てはめると、お客さまがあなたのお店や商品の情報に「もっと教えて！」

と興味を持ってくれるようになります。

例えば、次の2つだったら、どちらの方が気になりますか？

A：冷やすとおいしくなるハンバーグ
B：冷やすとおいしくなるタワチイチョウ

Aはちょっと気になりませんか？「どうして冷やした方がおいしいんだろう？」って。普通ハンバーグは温かい方がおいしいものですから、その逆だと理由が気になるものです。対してBはどうでしょう？タワチイチョウ（※）を知らない方にとっては意味が分からないでしょう？気にならない情報だと思います。タワチイチョウは沖縄のお菓子の1つです。小さい頃、私の祖母が沖縄に住んでいて時々送ってくれるお菓子の中でも大好きな物だったんです（超おいしい!!）。その新しいバリエーションとなれば私は興味津々です。でも、知らない方は気に留めない情報でしょう。※闘鶏餃：読み方はいろいろあるようです。

「知っている×知らない」が興味を作ります。知っている「ハンバーグ」という存在に、通常では知らない情報の「冷やすとおいしくなる」を組み合わせることで興味を作ることができます。でも、知らない情報である「タワチイチョウ」に、さらに知らない「冷やすとおいしくなる」を加えたところで、全く興味がわかないのです。

また、こんな情報はどうでしょうか?私の知り合いの42歳の公務員男性が惚れた女性の話。どうでもいいですよね?でも、対象が私の知り合いではなく、有名なタレントさんだったりすると興味を持つ人が増えてきます。公式通りです。「知らない存在」か「知っている存在」かは大きな差ということです。

お気づきでしょうか?ここ、ものすご――く大事なことを言っています。お店の商品やサービスのことを伝えたい時に、お店の言葉を中心にして伝えようとしても、全く興味を持ってもらえない可能性があるということです。お客さまが「知っている」言葉を使うことがまず大事ですよ!ホントに!

C:温かくておいしいハンバーグ

もう1つ、こちらはどうでしょう?

「ふーん」じゃないですか?「ハンバーグ」と「温かくておいしい」の組み合わせは普通で

ありません。だから、新たに知りたくなることが生まれない。これを式にすると「知らない」がありません「知っている×知っている」となります。これでは興味を生み出せません。

興味を生み出す「知らない」にはいくつか具体的な切り口があります。私は16個に分類をしているので、それを1つずつ紹介しますね。これを使えば、あなたもお客さまから「もっと教えて」って興味を持ってもらえるはず！

※ここであげた例文は、あくまでも見本なので内容の真偽は問わないでください。

●興味を作り出す「知らない」の切り口16選（モノごと編）

1：常識否定・意外

例：「冷やすとおいしくなるハンバーグ」「痩せたいなら運動はするな！」

ハンバーグは一般的に温かい方がおいしいですよね?そういう常識を否定しました。すると「どういうことだろう?」と興味を持ってもらえます。一般的とは違う要素を持っている時には積極的に取り扱いたい切り口です。

2：裏話・隠しごと

例：「実はスタッフの大失敗から生まれたハンバーグソース」「実はこの話には続きがあったのです」

他では知りえないココだけの裏話や隠れた話に、人は興味を持つものです。「ココだけの話ですけど」とか「他の人には言わないでくださいね」と前置きするのもGOOD。

3：対比

例：「このハンバーグを超おいしく味わえる食べ方、台無しにする食べ方」「スタッフを伸ばす店長、つぶす店長の違いとは？」

本のタイトルなどにもよく使われるパターンです。対比をするとその差が気になりますし、どうせ体験をするならいい方を体験したいものです。差と理由に興味が生まれますよ。

4：5倍○○

例：「玉ねぎが5倍入ったハンバーグ」「当店は○○に通常の5倍の時間をかけることにしました」

通常よりも圧倒的に量が多い場合、「何かしら理由があるんだろう」と勘繰りたくなります。

その理由に興味が生まれます。5倍である必要はありませんが、「20%増量」くらいだと理由が気になるほどにはなりませんので、圧倒的な量や比率がある時に使える切り口です。また、多くする要素は意外なものの方が興味を引きやすいです。ハンバーグの場合、「牛肉を増量した」というよりも「玉ねぎが5倍です」「焼き時間が5倍です」などとした方がその理由に興味を生みやすいです。

5：禁止

例：「このハンバーグは臭いを嗅がないでください」「○○以外の方は読まないでください」

人は禁止されるとしたくなるものです。「臭いを嗅がないでください」と言われたら、反発してやってみたくなります。それと同時にその理由に興味が生まれます。禁止をするからには何かしら理由があるはずだから。

6：失敗⬇成功のストーリー

例：「多くの人が食べ残したのに、ソースまでなめられる人気ハンバーグになった理由」「借金地獄からの大逆転。きっかけになったセリフとは？」

人は成功ストーリーが大好きです。失敗から成功に至るまでには何かしらターニングポイントや理由があるはずです。そこに興味が生まれます。

7：パロディ

例：「ハンバーグの、ハンバーグによる、ハンバーグのためのソース」「〇〇半端ないって!!」

パロディというのはすでに多くのお客さまが知っているフレーズをもじって使うものです。知っているフレーズがベースなので、小さな違和感があり興味が向きます。流行語大賞の候補に上るようなフレーズがこうしたパロディの対象になることが多いですが、多くのお店が同じことをやっていると陳腐に見えることもあるので要注意です。

8：違和感

例：「ふあんバーグはじめました」「こだわるのやめました」「新しいマーケチングのコツ」

ちょっとした違和感を生む方法です。違和感は気になる存在ですからなんだか意識が向いてしまいます。「お菓子」を「をかし」と表記するのも違和感を生みますね。

9：パブリック化

例：「当店の看板スタッフがＴＶ番組でインタビューされました！」「当店がＹｏｕｔｕｂ

erさんにdisられました」

身近な人が「晴れの場」に出ると興味が生まれます。「どんな出方をしたんだろう？」って。テレビに出たり雑誌に取材をされたり、大きな大会で表彰されたりするとこの効果が生まれます。テレビに出ているような人とたまたま電車で出くわすとドキドキしちゃいませんか？そんな感じです。あんまり歓迎したくないですが、ネガティブな出方も興味を引きつけます。

10：すんごい威力

例：「1億円の商談をまとめたハンバーグ」「売れっ子コンサルタントに変身させた髪型」

商品にまつわる奇跡的なエピソードがある場合、きっと何か理由があるんだと想像してしまうものです。宝くじを買う時に「一等が出た」売り場で買いたい気持ちと似ているかもしれませんね。その奇跡が起きた理由を商品のこだわりと絡めて説明できると説得力が増します。あ、ウソはダメですよ。

11：ちょい悪

例：「あの〝白い粉〟入りのハンバーグ（内緒ですよ）」「法の盲点をついた方法」

人は悪いこと・タブーなことに興味があるものです。やってはいけないことに惹かれるんですね。それをにおわす切り口です。あ、ホントに悪いことはやめましょうね。ちょい悪に見えて実は正当なことがいいかと思います。

12：神秘

例：「**亡くなったシェフしか知らなかったレシピが、金庫から発見された**」「**夢でおじいさんが教えてくれた方法**」

人は神秘的なことに惹かれます。自分では再現しようにもできないからでしょう。そうしたエピソードがあれば、ぜひ、積極的に表現しましょう。

13：他とは違う点

例：「**他店とは全く違う素材を入れたハンバーグ**」「**他社が避けてきた手法に挑戦しています**」

1つ目の「常識否定・意外」と少し似てますね。「他店とは違う」というのが「一般的とは違う」という意味合いになり、興味を生み出します。

14：数字&理由

例：「**当店のシェフが開発した3つの技術**」「**○○を達成した決定的な理由**」

他との組み合わせで活きる切り口です。具体的な数字を出すと、その個数分の興味を生みます。また、「77分焼くハンバーグ」や「177℃で焼くハンバーグ」などと端数のある数字を使うと、こだわっていることを想像しやすいです。こだわり具合を鮮明にする効果もあります。「○○な理由」という表現も、その理由に興味が向きます。

15：成功のコツ

例：「ふわっふわに仕上がるハンバーグの焼き方のコツ」「3分でできるカンタンテクニック」

成功ノウハウや「コツ」「技術」「テクニック」などは誰もが学べば使えそうな感じがします。「なんとなくスゴイ」ではなく、学べば自分もできそうな気がするから興味が増します。「秘密」「魔法」とかのワードもいいのですが、「コツ」の方が自分でできそうな感じがして手にしたくなる気持ちは高まることも多いです。

16：ぼかし

例：「ハンバーグの隠し味に入れたアレ」「この方法で●●の悩みが消える」

最後はカンタンで強力な方法です。「アレ」や「何か」などぼかす表現を使って「何かあるな」と思っていただく方法です。「アレを入れたら風味がグンと高まりました」などと表現すると「アレ」が何なのか興味が生まれます。とってもカンタンな方法ですが、ちょっとイヤらしさが出てしまうこともあります。引っ張ってる感が丸出しですので。やりすぎにはご注意を。

いかがでしょうか？意外にカンタンでしょう？できそうでしょう？

お客さまが「もっと教えて」って前のめりになってくれそうでしょう？

慣れるまでには少し時間がかかるかもしれません。ぜひ、何度も繰り返しチャレンジしてください。この切り口たちを知っているか知らないか、実践するかしないかは、今後すごく大きな差が出るはずですから。

●「その次を教えて」の作り方（自分ごと編）

「どうしてやっちゃったんですか？
あなたのこと、ウワサになってますよ」

職場に行くなり、同僚にこんなことを言われたらどうでしょう？

ドキドキしませんか？

「何をやっちゃったんだろう？ アレかな？ これかな？ バレたかな？」って不安になりますか？（え、バレたらマズイことしているんですか？）

我われは、自分のことが大好きだし自分のことが気になる生物のようです。今度は「自分自身のこと＝自分ごと」で興味を生み出す切り口をお伝えしますね。先ほどの「モノごと編」は主語が商品やサービス、物ごとでしたが、こちらの自分ごと編では「**主語はお客さま**」です。お店で得られる体験とお客さま自身のことを組み合わせていきます。

基本となる公式はこちらです。

【自分（お客さま自身）×〇〇〇】

これを分解すると、5パターンの公式ができ上がります。

1：自分×しないと損する
2：自分×すれば得する
3：自分×周りの噂・評価

4：自分×タイプ診断

5：自分×コンプレックス

業種によって使いやすいものと、使いづらいものがあるかもしれません。居酒屋さんや整体院、グッズの修理店をイメージして見本を作りました。参考にしてみてください。

1：自分×しないと損する

例：ギリギリの状態です。早めに対処しないと直らなくなるかもしれません

ホントに希少な素材のメニュー。ありつけるのはあとお二人だけです！

どちらも早く行動を起こさないとお客さま自身が「損」をするという切り口です。お店の商品やサービスを利用するとその損がなくなるという表現。「その損はしたくない」というものに合わせることができると具体的な情報を知りたくなるでしょう。

2：自分×すれば得する

例：このオプションをつけると、力を入れずにマシンを動かすことができるようになります

SNSでシェアする女性も多いです。珍しいので「いいね」がたくさんつくようです

こちらは先ほどと逆です。行動するとお客さまが「得」するイメージを表現しています。その得を「お客さまがホントにほしいもの」に合わせることができるとより詳しく知りたくなるでしょう。

3：自分×周りの噂・評価

例：お客さまってあの俳優さんに似てるって言われませんか？映画に出ていたあの俳優さん。ちょっと名前が出てこないんですが…

人は自分が周りからどう見られているかって気にするものです（すでに達観していて気にしない方もいるでしょうけど）。だから、周りの評価やウワサがあることを伝えると、その内容が気になってしまいます。「気にしないよ」と言いながらも気になってしまうものです（え、私だけですか？）。この項目の最初に書いた「どうしてやっちゃったんですか？あなたのこと、ウワサになってますよ」もこの切り口の表現です。

4：自分×タイプ診断

例：この盛り合わせデザートはどれから手をつけるかで「あなたが何タイプ」か分かります

タイプ診断は、SNSのアプリにたくさんありますよね。自分が当てはまる項目を選んで診断結果を見たり、自分の生年月日などを登録してタイプ診断をするもの。人は自分がどんなタイプかと知りたいものなんですね。

5：自分×コンプレックス

例：抜け毛はエコである！薄毛はエコである！

これにビクン！と反応してしまう人は…私だけじゃないですよね？（こちとら16歳から抜け毛を気にしている25年選手のベテランですぞ）。図らずも人は自分がコンプレックスに感じているワードには反応をしてしまうものです。お客さまのコンプレックスを解消するためのサービスをしているお店も多くあるでしょう。難しいところは、お客さまがコンプレックスを認めて来店するお店の場合と、そうでない場合があることです。そうでない場合は、あからさまにコンプレックスを指摘するのではなく、それとなく伝えるようにしたいですね。

どうでしょうか？お客さまに「自分ごと」として興味を持ってもらう方法でした。うまく表現できると「もっと知りたい」と興味を生み出せますよ。

5つの切り口をあげましたが、自店に置き換えられそうでしょうか？「モノごと編」と「自分ごと編」、業種によってやりやすい方があると思います。ぜひ、使いやすい方を使ってみてくださいね。

お客さまの身体や身だしなみなどを整える業種の場合は、「自分ごと編」がやりやすいかと思います。非常に身近だったり無くてはならない存在を扱う業種。美容室や整体院、リフォーム業なども入ってくるかと思います。

逆に、無くても生きていられるけど、あるとさらに快適になるような業種は「モノごと編」の方がやりやすいかと思います。例えば、飲食店や雑貨店、家電などが入るかと思います。

「モノごと編」と「自分ごと編」、2つの方法で興味の生み出し方を紹介しました。言葉を組み合わせて興味を生み出す方法は本当にいろんな場面で使えます。キャッチフレーズを作る際はもちろんのこと、商品のおすすめトークに、メールマガジンやブログのタイトルに、SNSの初めの1行目など、他にもまだ「分かりたい」と思っていないお客さまに対して「もっと分かりたい」と思っていただきたい場面ではいつでも使えるテクニックです。ぜひ、使い倒してください。

さてさて、思い出してみてください。最近書いた文章は何がありますか？

ブログでしょうか？·メールマガジン？·商品のキャッチフレーズ？·SNSの投稿？·その文章はどんな言葉で始めましたか？·タイトルや1行目に気を配りましたか？

第2章

つい触る・
会話を生む・
3秒でこちらの土俵に
引き込むテクニック

■「せずにはいられない！」どうしても動く！しかけテクニック5

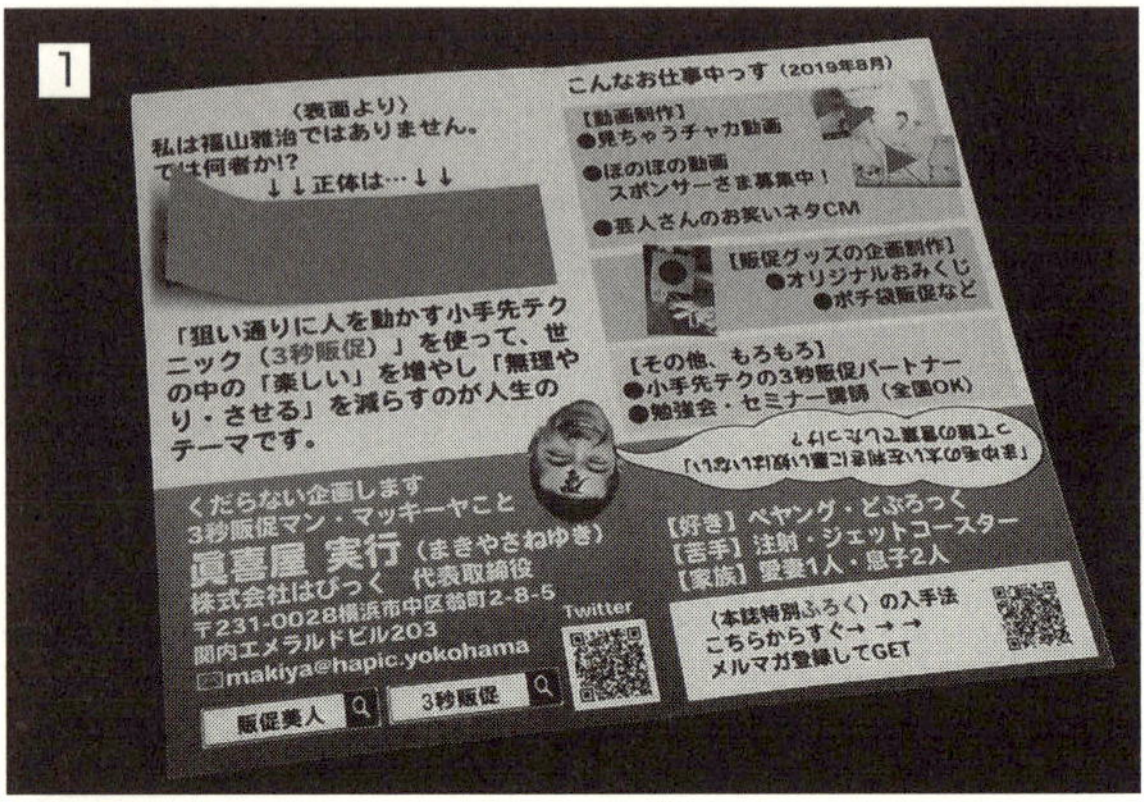

写真1は私の名刺の内面です（2019年9月時点のもの）。

2つ折りタイプの名刺を使っていて、その内面です。

ちょっと、普通ではありません。

ちょっと、普通ではありません。

ちょっと、普通ではありません。

いや、ちょっとどころじゃないのかもしれません。

この「しかけ」、結構覚えてもらっているんです。出会った方々に。名刺でこんなことをする人は初めてだと。

何が普通と違うかというと、左上の方に貼られた物体です。

文字が隠されている部分があります。「ふせん」を貼って意図的に隠しているんです。名刺の印刷が仕上がると、私は1枚1枚に手でふせんを貼っています。このような名刺をお渡しすると**多くの方がほぼ同じ行動**をしてくれるんです。ムフフ♪

この項目では人が「どうしても行動せざるを得なくなる」テクニックを5つ紹介しますね。このテクニックを使えば、3秒でお客さまはあなたの狙い通りに動き始める…ムフフ♪じ―――っくりと見て目が離せなくなったり、つい手を伸ばして触りたくなったり、答えを知りたくなって先を読んでしまったりと。まぁ使いどころがある程度限られたり、促せる行動には範囲があったりしますが、うまく使うことができたらか・な・り効果的です。

こちらの5つの「しかけテクニック」です。「○○方式」としてまとめてあります。

1：チラ見せ方式
2：プチ挑発方式
3：隠しごと方式
4：禁止方式

5：私どれだろ方式

正に「しかけ」っぽい「しかけテクニック」もあれば、自然な「しかけテクニック」もあります。どちらにしろ目にしてくれた方が何かしらの行動をしてくれる可能性がグンと上がるものです。すべて小手先テクニックなんですけどね。

1：チラ見せ方式

先ほどの「ふせん名刺」がこの事例です。

あの名刺を渡したら、多くの方が同じ行動をしてくれます。

ふせんを取って、中の文字を読んでくれるのです。もちろん全員ではないのですが、かなりの確率でふせんを取ってくれます。体感値ですが7割～8割くらいですね。かなりの率だと思っているんですが…どうでしょう？

人は「隠されているものは、あばきたい」という性質があります。その性質を使った「しかけテクニック」です。

この名刺の「しかけ」で、何を狙っているか分りますか？ ただ面白がってふせんを貼っているわけではないのですよ。ちゃんと理由があってやっています。理由は2つあります。2つとも分かったらかなりすごいです。

このテクニックを使った名刺の狙い、1つ目は「私が読んでほしい文字を読んでもらうこと」です。ちょっとだけ隠して中がチラリと見える状態。もらった相手は隠されたところを開いてあばく。そして、「その中に書かれていた文字（や画像など）」をじっくりと見ることになります。

ふせんの下に**隠されていた文字は「注目度が非常に高く」なります。**伝えたいメッセージがある時には、このようにして軽く隠してみる。するとお客さまは隠されているところをあばいて中を見ることになります。「3秒で動くしかけ」です。伝えたいメッセージを伝えるチャンスを生むことができます。隠されたその中は注目度が非常に高まりますよ。

こちらはどうでしょう？（写真2）

これは焼き鳥屋さんで、お客さまのテーブルに1つずつ設置していたこだわりブックです。お店のこだわりを記載した冊子なのですが、一風変わっていますでしょう？

浮世絵風の美女、肩がはだけている。下の部分は着物柄の袋に入っていて抜き取れる形式です。抜き取ると何かが出てきそうな体裁です。このようなものが目の前にあったら…抜き取ってみたくなりませんか？これもチラ見せ方式の1つです。チラチラと中が見えそうで見えない。でも、自分の意志であばくことができる。だから、お客さまは抜き取って中を見てくれます。

他にも、ポップの一部に画用紙を貼り付けて、めくれる形式にしておくだけでもOK。中が気になったお客さまがめくって見てくれます。見てくれたらその中は注目度が高まっていますよ。だからこそ、その中に記載する文章や画像はお客さまをがっかりさせないものにしましょうね。

あ、そうだ。私が名刺にふせんを貼っている2つ目の理由も書いておかねば。

「私の仕事のプレゼンのため」です。こんな仕事をしてますよということを「名刺で実体験」してもらうことを狙っています。名刺って初めての方にお渡しすることが多いですし、自分のしているることを知ってもらえるとうれしいですもの。これは私自身の狙いなので、分かるわけなかったですね。

2：プチ挑発方式

さて、なぞ解きです。

次のなぞ、解けますか？（写真3）

こちらは私も企画から参加させてもらったストーリー形式のクラシックコンサート「ベー

トーヴェンから挑戦状」のチラシに掲載したものです（現物は色付きでした）。会場が秘密になっているコンサートで、このなぞを解くことができた人だけに会場が知らされて、チケットを申し込める仕組みでした。いろいろとうまくいって約2400人が正解ページにたどり着き、約800枚のチケットが申し込まれました。

「あなたにできる?」と挑発されると「できるよ!やってやるよ!」と乗っちゃいますよね。そういう性質を使った方式です。この方式は他にもいろいろと考えられます。

・クイズを出して「答えは分かりますか?」
・利き酒などにチャレンジしてもらって「どれが○○か分かりますか?」

・素材に触れてもらって「この差、分かりますか?」
・けん玉チャレンジ「やりますか?1回でできますか?」

例えば、このようなパターンです。ついやってしまいそうじゃありませんか?「3秒のしかけ」です。プチ挑発でお客さまに楽しんでもらえるようなものがいいですね(ケンカ腰の本気の挑発はオススメしません)。お客さまと一緒に楽しみながらチャレンジできるものがいいかと思います。

このプチ挑発形式のアイデアは考えるのも楽しいのですが、実は意外に難しいです。私がこれまでに出会ってきた方の経験からすると、この方式のアイデアを自分に置き換えてパッと考えつく人は、3人~4人に1人くらいかなという感覚です。

どうでしょう?
あなたはプチ挑発形式のアイデア、作れますか?
(→バレましたか?これもプチ挑発だって)

3：隠しごと方式

人は「隠されているものはあばきたいもの」です。先ほど解説しましたね。

また、人は「宝があると分かったら見つけたいし」「何か隠れていると分かったら見つけたい」ものでもあります。その性質を活用した方式です。

本書の初めの方で私は自己紹介をしました。覚えていますでしょうか？

普通の自己紹介ではなく「ウソつき自己紹介」をしました。「ウソが隠れているよ」という「しかけ」があると発見するために前のめりになりやすい。そういう「しかけ」でした。

「隠しごと方式」は他にも考えられます。

商品のこだわりを説明するポップに「この中には数字がいくつか隠れています。合計でいくつになるか分かりますか？」などとしておくと楽しんで数字を探してくれることでしょう。「この中に白いものが3つ隠れています」とすれば、探しながら読んでくれることでしょう。

「**間違い探し**」もこの方式に含まれます。ファミレスで間違い探しの冊子を提供しているお店もありますよね。我が家はついつい家族でやってしまいます。この方式は「プチ挑発」の要素も含まれてるのでついついやっちゃいます。

間違い探しは、2つのイラストなどを比較して間違いを探してもらうことが多いです。シンプルに楽しんでもらうためのものでもいいのですが、間違いの箇所を商品のこだわり部分などにしておくと、よりじっくりと商品のことを知ってもらえますよ。

4：禁止方式

人は「隠されているものはあばきたいもの」です。そして、**人は「禁止されると、反発したくなる」もの**でもあります。その性質を活用した方式です（写真4）。

こちらは私が販促セミナーの講師を担当する時に、よく使用しているグッズです。

参加者さまへのおみやげで、事前に席ごと

4

に設置するか受付で一人ずつ渡していただいています。こうすると「開けちゃダメなの？気になる！」と言っていただけることもしばしばです。

「開けないでください」と禁止されると開けてみたくなるものです。「臭いは嗅がないでください」と言われると嗅ぎたくなるものです（「興味づくり」の項目でも登場しましたね）。

「26歳以下の人は見ないでください」と言われたら、気になりますよね？禁止されるとしたくなる。そういうものです。

とはいえ「完全に禁止」にするとお客さまに行動をしてもらえません（してくれるかもしれませんが、表立っては言えないので販促につなげるのは難しい）。だから、「条件付き禁止」がやりやすくて効果的です。

- ○歳以下の方は禁止
- ○○するまでは禁止
- ○○が起こるまでは禁止
- ○○の覚悟が持てない方は禁止

こういった感じです。

こうすると条件をクリアした方は行動がしやすくなります。

あなたのご商売なら、どうしますか？

5：私どれだろ方式

辛いもの上級者用の引き出し、中級者用の引き出し、初心者用の引き出し（写真5）。

こんなものがあったら、お客さまは「自分はどれが当てはまるかな」と考えてくれるでしょう。そして、条件が当てはまったものが見つかったら、中身が気になります。

5

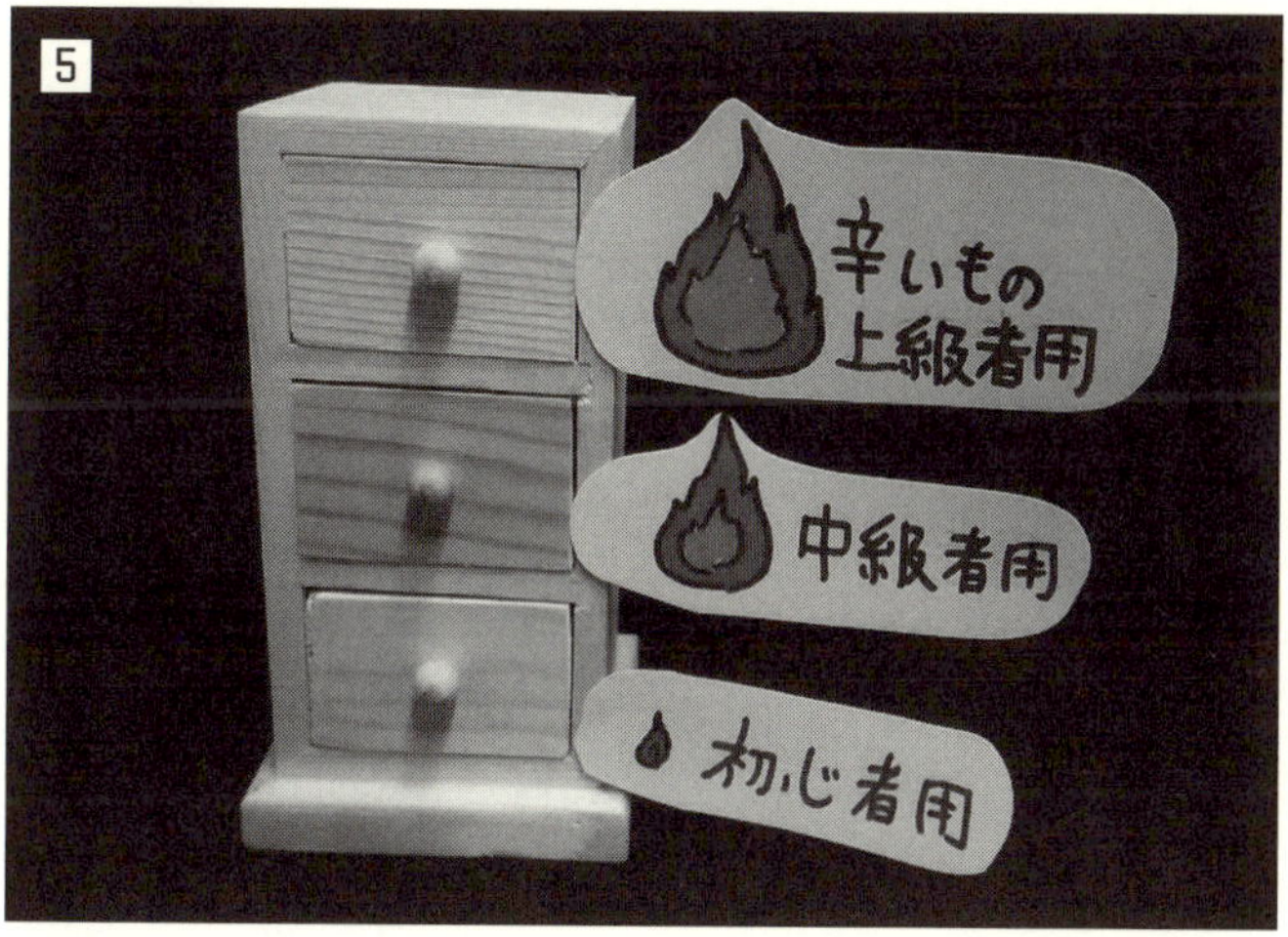

血液型占いもそうです。「自分はどうだろう?」と気になるものです。そして、自分が当てはまる項目を見たくなります。いくつかの条件を提示して、お客さまが**「私はどれに当てはまるかな?」と考えてもらえたら、その情報が気になるので行動が促進されます。**そんな方式の「しかけ」です。

いかがでしょうか?楽しいですね——(もしや、私だけですか?)。どれも「3秒でお客さまが動き始めるテクニック」。そして、お分かりのように、どれも小手先のテクニックです。そうなんです。この本は最初にも申し上げた通り小手先テクニックの本です。

小手先テクニックはおキライですか?

小手先テクニックを小バカにする人も世の中にはいるかもしれません。でも、私はとっても大事なテクニックだと信じています。だって、小手先テクニックを使うことであなたの本質的なこだわりや品質、おもてなしが伝わっていくのですから。あなたの実力をちゃんとお客さまに知っていただくための小手先テクニックなんですもの。

そこに価値を感じてくれたなら、きっとこの本はこの後の章も価値を持って読んでいただけると思います。

あと、先に謝っておきますね。

本書は小手先テクニックの本なので本質的なことを書くつもりはないのですが、若干いくつかの章では書いてしまいました（特に4章の「ここまでやるか品質」は全く小手先ではありません）。小手先だけではなくなってしまったこと、予めお詫び申し上げます。

■「衝動」を生みだすテクニックがあった！

実は、この本はすぐには書けませんでした。書き終えるのに1000日以上かかったんです。

その理由は…

「衝動買い」って言葉があります。お客さまが買い物をしている間に見つけた商品をついつい購入してしまうことですね。「衝動買い」までを起こすのは実は難しいのですが（商品自体の魅力が重要だから小手先だけでは難しい）、お客さまの衝動を促して「ついもっと知りたくなる」とか「つい触れてしまう」「つい体験したくなる」という行動を生み出すことは「しかけテクニック」で可能です。

衝動行動を起こす表現テクニックには、2種類の方法があります。

1つはスタンダードな方法で「**5秒後の体感**」というもの。割と普通の方法です。

もう1つは「**ホントかよ効果**」を活用するものです。個人的にはこちらの方が大好きなんですが、スタンダードな方も有効なので両方紹介しますね。

●5秒後の体感表現

ここからは、あなたのお店のイチオシ商品を1つ頭に浮かべながら読み進めてください。オモシロくないかもしれませんが、いい案にめぐり合う可能性は割と高いので。

人は少し先の体験をありありと・生々しくリアリティもってイメージできると、それに惹

きつけられてホントに体験したくなるものです。頭にイメージできているのに現実が違うと不足を感じて埋めたくなるのでしょう。この方法のポイントは「5秒後に生じる五感の体験」です。

厳密には「5秒」である必要はありません。注文したメニューが届いたり商品が手元に届いたら、すぐに体験できるという意味合いです。「続けると1年で成長する」とか「3ヶ月でベルトの穴2つ分くびれる」とか長期的なものではなく、その場で体験ができるという意味合いです。キャッチフレーズなどでどう表現できそうかイメージしながら読んでくださいね！

1：5秒後の視覚を刺激する

例：「はみだす！どでかカツ丼」「常温でも脂がとけてキラキラ光るお肉」など。

実際の商品を目の前にした時の視覚的な特徴を具体的に表現します。目で見える要素ですからサイズやカタチ、色合い、動きを表現するといいでしょう。

サイズが大きなことが特徴の商品であれば、「はみ出している」とか「○○と同じくらいのサイズ」という例えの表現が分かりやすいです。

素材の良さが特徴の商品であれば、それが現れる部分を具体的に表現します。「常温でも脂がとけてキラキラ」とか「ピン！と張りがあって立っているお刺身」とか「10秒すると○○色に変わるので準備ＯＫです」とか「元気のなかった髪がツヤツヤキラキラ笑っているよう」とかですね。さらに、「動き」の表現も視覚に含まれます。「鉄板に乗せるときゅぅ〜――っと踊るように縮むんです」とか。

このように商品の特徴のうち、目で見える部分に注目して、それをキャッチフレーズやネーミングに加えてみましょう！

2：5秒後の聴覚を刺激する

例：「ジュージュージュージュー！大きな音がします」「トクトクという高い注ぎ音がおいしさの証拠」など。

こちらは耳を刺激する表現です。文面での表現なので実際の音は鳴っていませんが、お客さまが耳で聞こえているように表現できればうまくいきます。

鉄板で焼く商品などの場合は、「ジュージュー」音は魅力的です。これは分かりやすいですね。他にも商品以外の音もあります。注文をしたら「はいよっ！」と店員さんが全員で掛け声をかけてくれるなども耳の刺激です。チラシに、お客さまが来店したイメージのマンガのイラストがあって、店員さんが「いつもありがとうございます！」と記載されていたら、そう言われるような気がします。これも耳への刺激です。お客さまが5秒後に感じる音を表現してみてください。

3：5秒後の嗅覚を刺激する

例：「パクチーをこれでもかってほど乗せた」「ヒノキの香り」など。

鼻の刺激、香りをイメージしていただく表現です。香りは大事な要素で脳科学的にも嗅覚への刺激は特別な効果があるそうです。嗅覚刺激は感情に直結して記憶に残りやすいのだそうです。鰻屋さんや焼肉屋さんが香りを店外へ出すのは、香りで食欲をそそるためだったりしますよね。

香りに特徴のあるメニューや商品があれば、ぜひ、香りを具体的に表現しましょう。素材の香りがイメージしやすいものであれば、「パクチーたっぷり」や「バター薫る」などシンプルな表現でいいですし、そうでない場合は、「まるで甘いチョコレートのような香り」などと例えの表現をしてもいいでしょう。シンプルに「燻製にした」「ヒノキの香り」「バラの香り」「香りが変化する」というのも嗅覚を刺激する表現です。

4：5秒後の味覚を刺激する

例：「噛んでいると、ジワジワ甘くなる」「レモンのような酸味」など。

味覚の刺激は主に飲食店さん用になりますね。「濃厚な味とか」「ちょっと酸っぱい」「ほろ苦さ」とかは一般的ですが有効です。ここでは少し変化球の表現を紹介してみます。

「噛んでいると、ジワジワ甘くなる」というのは「変化」を感じてもらう表現です。食べた瞬間ではなく口の中で変化をしていくイメージをしてもらう方法です。

さらに、一般的な物とは違う味わいであれば、その「対比」を表現するのもいいでしょう。「こんなにサシが入ったお肉なのに、さっぱりいくらでも食べられる」とか。

また、例えの表現もいいでしょう。「まるでレモンのような酸味」「まるでチーズのような味わい」などですね。

味覚の表現は「うまい、おいしい」とやってしまうことも多いですが、これは伝わりません。お客さまが具体的に想像できないからです。お客さまが具体的に想像できるような表現をしましょう。

5：5秒後の触覚を刺激する

例：「サクサク・カリカリ」「ギュッと押す」「ずっしり重たい」「手づかみで」「ひんやり」など。

最後は触覚です。口の中や身体で感じる体感を表現します。

まずは口の中だと「とろーり」とか「サクサク・カリカリ」とかが分かりやすいですね。味覚とは別の切り口でお客さまの口の中の体感をイメージしてもらえます。これはお店側も使いやすくて、お客さまもイメージしやすいので使い勝手がいいです。さらに、体の体感も有効です。「手づかみで」とか「ずっしり重たい」「触れるとひんやり」とかですね。体の感覚を表現するのもとても有効です。

このような表現でお客さまがリアリティをもって感じてくれると、お客さまの意識は寄せられていきます。できるだけリアリティをもって身体で感じてもらえる表現をしましょう。大事なことは、この表現手法を使えばいいということではなく、お客さまが「魅力的だと思えるか」です。商品やお店の魅力が一番発揮できるポイントを探して「5秒後の体感」表現をしてみてくださいね。

■ホントかよ効果で人が動く！

さてさてお待たせしました！

この項目は私が大好きな「しかけテクニック」です。本書の冒頭で「エッチなところを触っている画像」の話をしましたよね。この「ホントかよ効果」を使っています。このテクニックをうまく使えると、お客さまに3秒で狙い通りに動いてもらえます。ぜひ、楽しみながら、自店ならどう活用できるかを考えながら読んでくださいね。

この「ホントかよ効果」は8年前くらいから私は使っていたのですが、これまで披露する場がありませんでした。本書でようやく披露できます。8年越しのお披露目、ぜひ、活用してやってください。

「ホントかよ効果」はどうやるのか？

ちょっと不安に感じるかもしれませんが、**お客さまに疑いの気持ちを持ってもらう**。これがポイントです。もう少し具体的に言うと「ホントかよ!?」と半信半疑になっていただきます。冒頭で話題にした「エッチなところを触っている画像」のくだりを読んだ時「ホントかよ!?」って思いませんでしたか？**半信半疑になっていただけると、それを確かめるために見てもらえま**

す。それが「ホントかよ効果」の原理です。

あ、「ホントかよ効果」という名称は私が勝手に名付けていますので、本書を読んでいない人に言っても通じないと思います。これはホントかよじゃなくて、ホントです…ふぅ。

「ホントかよ効果」は「5感（視覚・聴覚・嗅覚・味覚・触覚）」に加えて「情報」での刺激が可能です。では、それぞれ具体的に解説していきます。

1：視覚でホントかよを刺激する

例：「お酒を飲ませると踊るお魚」「ピンク色がだんだん薄くなっていく果物」など。

何かをすると起きる見た目を表現します。「ホントかよ!?」と半信半疑になってもらえないと効果がないので、変化や動きが見られるものがやりやすいでしょう。「お客さまが●●をすると、□□の結果が起きる」という表現をすると、お客さまは半信半疑で確かめたくなりやすいです。

また、変化はしなくても、見た目自体が「ホントかよ!?」と思えるものもアリです。例えば、「じっくりと見ると人の顔に見えてくる●●」とか「実は●●の文字が隠れている商品」です。

こういうのも「ホントかよ効果」が発揮されてマジマジと見てしまうことでしょう。

2：聴覚でホントかよを刺激する

例：「耳を澄ますと、小さいおじさんがしゃべっているような音がする浜焼き」「食べごろになるとかわいい音になる」など。

耳を刺激する表現です。こちらは視覚の刺激よりも実現できる範囲が広いです。

視覚の場合は目で見て判断をされてしまうので、「ホントに不思議なこと・珍しいこと」が起きないと実現が難しいのですが、聴覚の刺激は表現の工夫次第でできます。

「耳を澄ますと、小さいおじさんがしゃべっているような音がする」というのは、本当に小さいおじさんがしゃべっているわけではありません。でも、制作中や調理中で店内に何かしら音がする。その音を何かに例えているのです。ここでは仮に「小さいおじさんのしゃべり声」としていますが、聞こえ方によっては「ワンちゃんの甘え声」かもしれません。

そういった表現に工夫をすることができたら、「ホントかよ効果」は発揮されます。それを知ったお客さまは「ホントかよ!?」と半信半疑になりながら、実際に耳を澄まして音を聞いてくれることでしょう。結果的に「ホントだ！」と共感してもらえたらうれしいですね！

3：嗅覚でホントかよを刺激する

例：「まるでチョコレートみたいな香りのフルーツ」「●●なのに全く匂いがしない」など。

鼻への刺激です。こちらも聴覚同様、例えの表現が効果を発揮します。フルーツなのにチョコレートのような香りと言われたら「ホントかよ!?」と半信半疑になるでしょう。この例えの表現はスタッフがホントだと思えるなら自由に発想していいでしょう。「おばあちゃんの家の畳の香り」とか「ももたろうが雉にあげたきびだんごの香りっぽい」とか。ちょっとファンタジーに寄ってしまいましたが、「ホントかよ!?」と半信半疑のお客さまが実際に体験した時に、「確かに！」とか「なるほど、分かる気もする」と共感をしてもらえるならOKです。ちょっとファンタジー要素が強い場合は、「スタッフの○○はそう思っています」などと付け加えておいた方が安心ですね。

4：味覚でホントかよを刺激する

例：「アボカドに醤油をたすとトロの味」「キュウリにハチミツをかけるとメロン味」「同時に食べると別の味がする」「見た目のイメージとは全く違う味がする」など。

お客さまの口の中で予想外の味わいが広がるならばこの切り口を活用してみましょう。

5：触覚でホントかよを刺激する

例：「割りばしでツンツンすると、プルンプルンと10秒くらい踊る」「びっくりするくらい重たい」など。

触覚はお客さまの身体の感覚を刺激する切り口です。お客さまがお箸や手で触れてみて、予想外の結果が起きる時はこの切り口は有効でしょう。「ツンツンすると10秒くらい踊る」というのは「10秒くらい」がポイントです。ここにお客さまは「ホントかよ!?」と疑問を持ってくれます。シンプルに「ツンツンするとプルンプルンと動く」だけではちょっともの足りないのです。「3秒触り続けるとひんやりする」などもこの切り口です。こうした表現をするのには慣れもいるかもしれませんが、ぜひ、チャレンジしてみてください。

6：情報でホントかよを刺激する

例：「あの有名人が毎週食べにくる」「おいしすぎて気絶した人がいる」など。

商品にまつわる情報で「ホントかよ!?」と思っていただく切り口です。お客さまが知るとびっくりするような情報や、利用したお客さまの際立ったエピソードなどが活きるでしょう。「ホントかよ!?」と思っていただけると、その答え合わせをしたくなります。答えにも注目を集めることができます。この項目の初めに書いた「この本は1000日以上かけて書いた」件もこの「しかけ」をしたつもりです。本当なんですよ。実は本書の元になった原稿は飲食店専門誌「近代食堂」で連載をさせてもらっていたものなんです。3年間の連載原稿を書き直して書籍にしたものが本書です。だから、最初の原稿の執筆から考えると1000日以上かかっているんです。（私の話ですから気にならなかったですかね？）

どうでしょう？

考えるのが楽しくないですか？

実は、塩梅も難しいです。「疑うまでもなく本当だと信じられる」場合は、効果は発揮されませんし、「絶対にウソだ」と思われても発揮されません。本当かどうか分からない半信半疑の状況をうまく作るようチャレンジしてくださいね。

この方法はアイデア勝負なので初めは難しいかもしれませんが、慣れれば楽しめるようになるかと思います。商品やサービスの特徴を、「ホントかよ効果」を使って表現できたら、お客さまは前のめりになって体験をしてくれるようになります。魅力が伝わるチャンスを作れますよ。くれぐれもウソはダメですよ！

■押しつけを親切に換える方法。相手から「どういうこと?」と質問される技術

こちらは私が時々使用するポチ袋です（写真6）。

「1万円札は入っていません」

そりゃそうだろ！って感じですよね。でも、それと同時に「じゃ、何が入ってるの?」となりませんか?そうなるための「しかけテクニック」を使っています。

イチオシの商品やこだわりなど、お客さまに知ってほしいことがあります。でも、それをお店の方から「聞いてくれ～」と話し出すと「押しつけ」です。お客さまはまだ興味を持っていませんから。

ならば、お客さまの方から質問したり話しかけてくれたりできないでしょうか。お客さま

が「これ、どういうことですか?」と質問をしてくれたら、それに答えるのは「親切」です。押しつけではありません。お客さまも興味を持って聞いてくれるのですんなりと受け止めてくれるでしょう。「押しつけ」を「親切」に華麗に変身させるのがこの「しかけテクニック」です。

「**お客さまから質問される技術**」として7つの方法をご紹介します。この方法をまとめている人は他にいないと思うので(たぶん)、使いこなせばライバル店の1歩も2歩も先に行けますよ(たぶん)。

1:じゃない法
2:片方だけ法
3:2番じゃダメなんですか法
4:説明しない比較法
5:キョーレツワード法
6:ナニそれ法
7:これが目印ですよ法

これらの使い方について、飲食店をイメージして具体的な使い方をご紹介します。

1：じゃない法

例：「1万円札は入っていません」「当店のコーヒーは黒くありません」

この方法、ものすごくカンタンなのに、ものすご〜く効果的です。ホントかよって思うほどカンタンなのに、意識して使っている人がほとんどいない「しかけテクニック」です。逆に、知らぬ間に使っていることは多々あると思います。テクニックとして意識して使うとものすごく効果的ですよ。

先ほどのポチ袋はこの方法です。

「1万円じゃない」とすると「じゃあ何？」となりますでしょう？

「〇〇じゃない」と否定することで「本当は何？」を引き出す方法です。

例えば、「当店のコーヒーは黒くありません」と言われたらどう思うでしょう？「じゃあ何色なの？」と疑問がわくでしょう。「当店の施術は手で行いません」と言われたらどう思うでしょう？「じゃあ何でやるの？」と疑問がわくでしょう。お客さまは実際には口に出さないかもしれませんが、頭の中に「？」ができているはず。その状態になれば、次にあなたが説明する言葉は「めっちゃ聞きたいこと」になっているはず。それをお伝えするのは「親切」になります。

本当に伝えたいことをいったん我慢してみましょう。そして、「○○じゃないんです」と言う。お客さまが聞く耳を持ってくれたら説明をする、そんな方法です。ただし、ここまでもったいつけているので、具体的な説明ではお客さまをがっかりさせないようにしてくださいね。

2：片方だけ法

例：「このコロッケ、外側はサクッとしていて好評なんですよ。外側は」

接客時に、このように説明をします。こうすると、お客さまからどんな質問が得られるでしょうか？「じゃあ内側は？」というものです。外側の説明があるのに内側の説明がないので、気になります。

例えば、他には「昨日はいいお魚が入っていたんですよ！昨日は」などとすると「じゃあ今日はどうなの？」とお客さまは気になります。その答えでガッカリさせずにもっとうれしくなるものを持っていれば盛り上がるでしょう。さらに、「右側は○○です」と伝えたら「じゃあ左側は？」となるし、「前半は○○です」と伝えたら「じゃあ後半は？」となります。この方法のポイントは「**もう片方を空けておくこと**」です。**片方しか言わないことで、もう片方を気にしてもらう**のです。カンタンでしょう？

3：2番じゃダメなんですか法

例：「こちらのメニューは当店で2番目に人気です！ちなみに3番はこちら」

1番が気になりませんか？

人はやっぱり1番がいいものです。2番も3番もいいですが、**1番の存在があるならそれを知りたくなる**ものです。逆に1番だけを表示すると「2番は？」「3番は？」とはなりづらい。やっぱり1番が知りたいのです。2番じゃダメなんです。

パン屋さんで「2番人気」のポップがついたパンがあり、隣に「3番人気」とあれば、「じゃあ、1番人気はどれなんだろう？」って目で追っちゃいませんか？1番が知りたいんです。

切り口は「人気」だけではありません。「2番目に辛い」「2番目に重たい」などでもいいでしょう。お客さまに知ってほしい商品のこだわりポイントに合わせて「しかけ」ておきたいものです。この方法のポイントは「**1番を空けておくこと**」です。カンタンでしょう？

4：説明しない比較法

例：「こちらのコロッケには、黒ソースとピンクソースの2種類用意していますが、どちらにされますか？」

特定のメニューを注文いただいた方にこのように質問します。すると、お客さまは「どう違うの？」と聞いてくれるでしょう。そりゃそうです。2種類あるのに説明をしていないのですから。こちらから先に「黒ソースは○○味で、ピンクソースは○○味です」などと説明をしてしまうと、「押しつけ」にもなりかねません。リピーターのお客さまはすでに知っている情報なので不要な情報です。

初めてのお客さまに質問していただく「しかけ」になります。このように2種類か3種類の中から選択するものなど、比較をしないと分からないのに、あえて説明を省くのがこの方法です。

この方法のポイントは、「選択肢に何か違いがありそうに見せること」、そして、「説明しないこと」です。聞いただけで違いが分かる場合は、質問はされません。「テーブル席とお座敷、どちらがいいですか？」と聞けば、お客さまは自分の判断基準で選べるため、わざわざ質問はしないでしょう。「**何か違うのに、違いを説明しない**」こと、これがポイントです。

もう1つ注意点です。この「しかけ」は、失敗すると不親切に映ってしまうこともあります。お客さまとの関係性を見極めながらできそうならやってみてくださいね。

すね。

5：キョーレツワード法

例：「当店のからあげは、ベートーヴェンからあげです」

「ベートーヴェンからあげ」。こう聞かされたお客さまは何を思うでしょうか？「どういう意味ですか？」となるでしょう（なりませんか？）。そう質問してもらえたら答えるのが親切ですね。

「揚げている時の音がなんとも素晴らしく、ひと口噛んだ時の音もまたメロディアスで運命を感じるようなからあげなので、そう名付けました」などとなんらかの説明をします（これは私が勝手に考えた妄想メニューです）。するとお客さまはなるほどと聞いてくれるでしょう。お客さまが興味を持つ前にこちらからこれを説明してしまったら、もう「押しつけ」です。押しつけ説明はもうやめましょう。

この方法のポイントは「**キョーレツな言葉**」**を使ってお客さまの興味を引く**ことです。それには、聞いただけでは理解できないような言葉を使うことです。他にも、例えば、「SEXYからあげ」とか「アノからあげ」も質問を引き出すキョーレツワードとなるでしょう。

逆に、質問されづらいのは分かりやすいワードです「こだわりからあげ」とか「ニンニク2倍からあげ」とかです。こちらは質問しなくても理解できてしまいますから。「質問してもらう」という狙いではイマイチの名前になります。

6∴ナニそれ法

例∴スタッフのユニホーム・名札の下に小窓をつける

接客してくれているスタッフのユニホームに厚紙で作られた小窓がついていて、その扉がちょっとだけ開いている。そんな状態が見えたら、お客さまは気になるでしょう。「何それ？中になんて書いてあるの？」と気にしてくれるでしょう。

このようにお客さまが何か気になってしまう「ちょっと変なモノ」を身に着けるのがこの「ナニそれ法」です。この小窓の中には、例えば、「わたしをおかずに例えると●●です」など、ちょっと変わった内容を書いておきましょう

すると、お客さまはスタッフによって小窓の中身が違うことが分かります。一人のスタッフの小窓の中を聞いたお客さまは、他のスタッフの小窓についても中を質問することでしょう。一人から生まれたコミュニケーションが、何人ものスタッフとコミュニケーションをするきっかけにもなります。

よく社長さんで「スタッフがお客さまと話すのが苦手なんだよね。お客さまの方から聞いてくれたら話せるのに」って言う方がいます。うってつけですよ。

他には、テーブルに設置してある調味料類の中に1つ不思議なものを入れておくのもオモシロいと思います。「醤油」「塩」の隣に「謎味」とか「冒険味」とかの名前が貼られた調味料を置いておく。すると、気になったお客さまは聞いてくれるでしょう。コミュニケーションが始まりますね。**一目では何か分からない変なモノだからこそ聞きたくなる**のです。

7：これが目印ですよ法

例：「スープが半分くらいまで煮詰まったら声をかけてください。魔法の味付けがあります」

こんな感じでお客さまに事前にフリをしておきます。目印を先に提示しておいて、このタイミングが来たら声をかけてくださいねとしておく。お客さまは料理を食べ進めると、必ずそのタイミングが訪れます。すると、その時にお客さまの方から声をかけてくれるという寸法です。

他にも「●●してみたくなったら声をかけてください」や「身体が○○してきたら教えてください」とかもOKです。**タイミングとその時の行動を事前に知らせることで、お客さまはその通りに行動してくれる**場合が多いです。お客さまの方から声をかけてくれる「しかけ」になります。「質問されるしかけ」ではありませんが、「**お客さまの方から話しかけてくれるしかけ**」です。ちょっと毛色は違いますが有効な方法なのでまとめさせてもらいました。

どうでしょう?

カンタンでしょう?

実践したらお客さまの方から声をかけてくれそうでしょう?

こだわりの「押しつけ」でお客さまから嫌がられているかもしれないと思ったら、ぜひすぐに、今すぐに、1つチャレンジしてみてください!うまくいったときはガッツポーズが出ちゃいますよ。


多くの方は、普段こういう視点で考えることってあまりないみたいなんです。

だから、やり始めると1歩も2歩も先に進めるはずです。

こちらから一生懸命に伝えようとするよりも、ずっと楽なんですけどね。お客さまの方から聞いてくれたら。そうじゃないですか?

おこぼれ（その1）

本書に書ききれなかった
「しかけアイデア」たちをご紹介します。
崖っぷちアイデアやボツ案も。

販促セミナー中の「しかけ」のいくつか

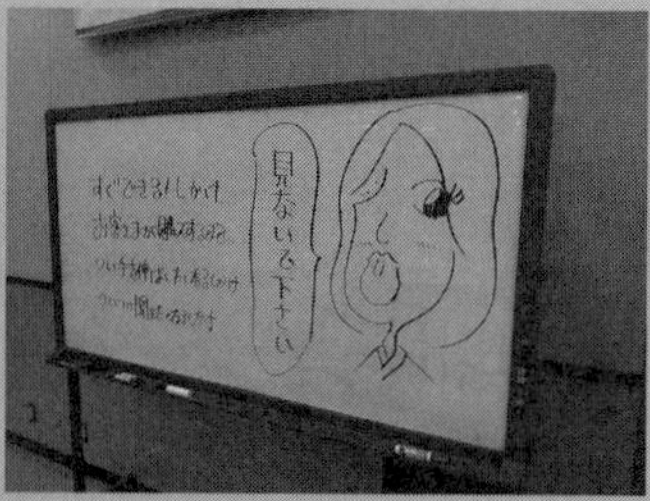

ホワイトボードの「しかけ」、始まる前にこんなのを書いておいて、何も説明しないで消しちゃいます。後からタネ明かしをするんですけど。

赤い布の「しかけ」。講師台にはマジシャンみたいな赤い布が…。この布を取る瞬間…「目線が集まるしかけ」なんです。

事例集コーナーの「しかけ」。休憩中に見てもらうコーナーです。これを用意しておくと見に来てくれるんです。

第3章

頭の中を占領せよ！
文章術の本には
書いてない表現術

■相手の想像を膨らます表現テクニック

本書で一番大事にしたのは、読んで理解するだけでなく、

学生の頃、先生が授業で教えてくれる知識はあまり覚えられないのに、大好きなマンガ（すごいよマサルさんとか）のことは頭の中で勝手に想像を広げていました。**人から教えられた情報よりも、自分で探し出した情報とか自分で想像を広げた情報の方が印象強く残る**ものです。

だから、怖いんです。もし、あなたがお客さまに伝えたいことを「120％伝えられた！」と思ったとしても、お客さまは3秒後に忘れ去っているかもしれません。

「押しつけなくても、お客さまに想像してもらえる」表現はないものでしょうか？

あるんです。

ここでは「**相手の想像を膨らませる**」という切り口で、6つの具体的なテクニックをお伝えしますね。そうそう、この項目の初めの文章の「本書で一番大事にしたのは、読んで理解するだけでなく」は誤植ではありませんよ。途切れるとちょっと気持ち悪いでしょう？「続きは何だ？」って気になりませんでしたか？はい、そういうことなんです。

（本書で一番大事にしたのは、読んで理解するだけでなく、〝読みながら体験〟をしていただいて、より実感してもらえるようにすることです）

1：途切れさせせ法

例：「本書で一番大事にしたのは、読んで理解するだけでなく」「ドはどぶろくのド、レはレインボーのレ、ミは…」「ついに登場！秘密の」

気持ち悪いでしょう？気持ちよくてはいけないんです。気持ちよく表現しきったらお客さまは次を気にしてくれないから。ちょっと意地悪な気もするんですが、親切にしようと思って全部言っちゃうと、逆に頭に残らなくなっちゃうことも多い。だから、気持ち悪いと分かっていても、意地が悪いと分かっていてもやります。相手は次の言葉に意識を向けてくれますから。ぜひ、あなたも途中で途切れさ

2：特徴だけ法

例：「**●●やで！って何度も聞こえました**」「**ギターのような大きなバッグを持ってくる方が多いです**」

人の特徴だけを表現する方法です。「●●やで」と聞けば、関西の方なのかなと想像ができ

ます。ギターのようなバッグと聞けば、バンドマンなのかなとか想像ができます。このあたりの表現をホームページなどにちりばめると、どんなお客さまが多いか想像がつきやすくなるでしょう。

あなたのお店には、どんな特徴を持ったお客さまが多く来店されますか？（どんなお客さまが多いと見られたいですか？）

3：カタチと結果だけ法

例：「この料理に入っている黄色い素材が、口に入れるとじゅわーっと広がるって評判です。黄色い素材が」

見た目やカタチと、そこから起こる結果を表現する方法です。「黄色い素材」と「じゅわー」だったら何だろう？と想像を膨らませていただけます。

お客さまが「黄色の素材って何だろう？」って気にしてくれたら、店員さんに質問したり、実際に注文をしてくれる方も増えるでしょう。だってすでにその商品に対してアレコレと想像を膨らませている・感情を高めているんですからね（←感情を高めてもらうって大事です！）。

普通に「この料理にはパイナップルを入れてあり、じゅわーっと広がる」と伝えるよりも想像が広がるでしょう。

お客さまに注目してほしいこだわり・特徴はどこですか？

その見た目は？

4：たとえ表現法

例：「あなたってタコみたいですね、いい意味で」「この商品はまるで聖徳太子のようです」

商品や人物の特徴を何かに例える方法です。「タコみたい」と言われるといくつか意味合いが浮かびます。「すぐに赤くなる」とか「体がやわらかい」とか。想像が膨らみます。「まるで聖徳太子のよう」と表現されれば「一度にたくさんの人の話を聞ける（対応できる）のかな」とか想像ができますでしょう？

商品の特徴を表現する時に、そのまま伝えるのもいいのですが、こうした「たとえ表現」を使ってみると、お客さんの頭の中で想像してもらうことができるのでより強く印象に残りますよ。

あなたのイチオシ商品は、まるで何みたいですか？

5：テンプレートの一部法

例：「はやい！やすい！●●い！」「いつやるの？●でしょ!?」

多くの人が知っているテンプレート的なフレーズの一部を隠す方法です。「はやい！やすい！●●い！」と聞けば、お客さまの頭の中では自然に●●の部分に何かしらを当てはめようとします。「うまい」と想像する方が多いと思いますが、「いや、『うまい』だと普通だから違うんじゃないか？」と想像を膨らませてくれる方も出てくるでしょう。

隠れていれば、それを明らかにしたくなるのが人の性質です。誰でも聞いたことがあるようなフレーズの一部を隠せば、お客さまもスムーズに想像しやすいでしょう。

6：続きは？法

例：「この商品には特徴が3つあるんです。1つ目は〇〇で、2つ目は〇〇です。3つ目は…体験したら分かりますよ」「人気ランキング3位は〇〇で、2位は〇〇です」

「途切れさせ法」に近いですが、続きを隠す方法のバリエーションです。特徴のある商品の説明の際にこのようにしてみてはどうでしょう?お客さまは3つ目が気になってしまうでしょう。体験したら分かると言われているので、実際に体験した時には、「特徴ってどれだろう?」と意識を向けてもらいやすくなります。結果的に「これだ!」と実感してもらえる(すごいでしょ!)。お客さまの想像を膨らますだけでなく、特徴をより実感しようとしていただけるのがこの「続きを言わない」方法です。

どうでしょうか?使えそうですか?

次の項目では、さらにお客さまの想像を広げてもらうための表現方法を紹介します。「行間力」です。文章に「行間の意味合い」を意図的に盛り込むことで、短い文章でたくさんのことを感じてもらおうというものです。本項目と似ている感じがしますか?

似ている感じがしますが、実は

■知らぬ間に伝わってる！行間力の力

どのくらい修行したら、あなたみたいになれますか？

ムフフ♪

うれしくなりませんか？こんな風に言われたら。褒めてもらっているみたいですよね。言葉の上では褒められていないのに。なぜ、そう感じられるかというと「行間」に褒め言葉が含まれているからです。

これからの時代、「行間力」が大事になると見ています。

短い言葉の中に多くの意味合いを含むのが行間表現です。直接的に言わなくても、自然と伝わるのが行間表現です。SNSが発達して、世の中の情報が異常なほど増えている中で、お客さまに受け取ってもらえる情報は限られています。その中で何を伝えるか。行間を制するものが、いろいろ制すのです。いろいろ制します。…ええ、いろいろ制しますよ。

ここでは「行間力」を高める7つの方法を提示します。（このテクニック、まとめている本は他にはないんじゃないかな…)

1：だからこそ法

例：「新幹線で来店する方がいる」「お代わりを注文する方が多い」「湿度の高い日は製造できない」

特徴があるからこそ起きることを表現します。商品がいいからこそ・人気だからこそ・こだわっているからこそ起きているエピソード。「だからこそ」です。この表現方法はすごーく活用しがいがありますよ。直接的に「ウチの商品は人気あるんですよ」とか「ウチはこだわっているんですよ」と言わなくても、そこを「行間」に含めて感じてもらうことができます。

「微差のこだわり」も大事。例えば、飲食店で、料理の味付けに塩を提供する場合、単に1種類の塩だけでなく10種類もあったらどうでしょう？「このお料理にはAの塩が合います。あの料理にはBの塩が合います。疲れがたまっているお客さまにはCの塩がおいしいと感じられるようです」などと案内をしたら、めちゃくちゃこだわっていることが感じられると思います。お客さまは「そこまでこだわっているなら、きっとおいしいだろう」と想像が膨らみます。こうした細かいことは、徹底的にこだわっているからこそですから。

あなたのお店がステキだからこそ、何が起きていますか？

あ、そう言えば大した話ではないんですけど、この本は執筆に1000日以上かかったんです。あと私はこの本が出せたら、もう二度と執筆機会がなくても後悔しません。まぁ大した話ではないんですけどね。（本書にかける想いの強さ、伝わってくれましたか？）

2：前提挿入法

例：「どのくらい練習したら、あなたみたいになれますか？」「このレベルになるのにどのくらい修行したんですか？」

何かしらの情報を前提にして、次の展開を表現します。「どのくらい練習したら、あなたみたいになれますか？」には、「あなたはスゴイ、あなたに憧れています」という意味合いが含まれていますよね。直接的には言っていませんが。

「このレベルになるのにどのくらい修行したんですか？」というのは「あなたの技術や品質のレベルが素晴らしい」が前提です。

お店のステキさを伝える時よりも、相手を褒める時に使いやすい方法です。

スタッフさん一人を思い浮かべてください。どんな点が素晴らしいですか？

その素晴らしさを前提に、何かその方に質問をしてみてください。

3：中略法

例：「あとひと仕事だけと思って始めたら、朝になっていた」「ラーメン屋に通ったら結婚できた」

エピソードの始まりと終わりだけを表現して中間を略する方法です。「あとひと仕事と思って始めたら、朝になっていた」ということは、きっとすごく集中できたのでしょう。そういうことが想像されます。

「ラーメン屋に通ったら、結婚できた」は、初めと終わりの距離がかなり遠いですが、きっとその間に何かエピソードがあったことが想像されますね。

エピソードは「はじめ（きっかけ）→あいだ（変化）→おわり（結果）」という流れです。「あいだ」を抜いて表現してみては？

4：体の反応法

例：「年配のお客さまがオムライスを口に入れると…涙がほほをつたっていた」「きりっと

真面目にしようとしても、にやけてしまう」「グッと拳を握った」

何かしらのエピソードから生じる体の反応だけを表現する方法です。

「涙がほほをつたっていた」ということは、何か感情を揺さぶることが起きたのでしょう。思い出のオムライスだったのかもしれませんね。そういうことが想像されます。

「きりっと真面目にしようとしても、にやけてしまう」のは、きっと提供された商品やサービスがとても良かったとかうれしいことがあったからでしょう。体の反応には意味があるので、体の反応を具体的に書くと、その意味が想像されます。

あなたのお店に満足したお客さまには、どんな体の反応が起きていますか？

5：説明なし行動法

例：「お客さまが突如ガッツポーズをした」「ごめん、もう言わないよ」

特に説明をしないで、行動や発言だけを表現します。行動や発言には理由があることが多いので、その理由を探ろうと想像を広げます。

お客さまがガッツポーズをしたのは、きっと理由があります。うれしいことがあったのでしょう。「ごめん、もう言わないよ」というのはきっと、その前に言ってはいけないことを言ってしまったのでしょう。

お客さまはどんなことをしますか？どんなことを言いますか？

6：相手隠し法

例：「（**電話で**）**申し訳ありません**」「**そんな風に思っていただけるなんて幸せです**」

誰かと会話をしている風景を描写するのですが、相手は隠しておく方法です。片方の人の言葉や振る舞いだけが見えると、相手の言葉や様子も想像ができますね。チラシやホームページ内、ブログ内で使用すると、書かれていない相手の言葉も想像してもらえますよ。

二人の会話、片方を隠してみては？

7：ループ構造法

例：「ぼくのこと、どう思ってるの」「うふふ♥きっとあなたと一緒よ」「あなたの考えていることで正解ですよ」「もう表情に出ています」

相手の頭の中にあることを見透かしたように、それを利用して返す方法です。これを言われた相手は自分の頭の中にあることを改めて想像します。

「うふふ♥あなたと一緒よ」

なんて言われたら…ねぇ♪

どうでしょう？

行間力。

意図的に使わないと慣れないし練習しないと使いこなせないと思いますが、うまく使いこなせるようになったら、言葉にしなくても意図が伝わるようになりますよ。

「行間力」は、実は私自身今とっても注目しているテクニックです。今後ももっと進化させられると思っていますが、ここでは現状の私の全力をお伝えさせていただきました。

「行間力」、なかなかすごくないですか？

え、そんな風に思っていただけるなんて…ポッ♪（あれ、勘違いでしょうか？）

■「だからこそ法」をもっと細かく！

先ほどの「行間力」の中で、一番使い勝手がいいのが「だからこそ法」です。それをさらに分類しました。特に商品やサービスの品質が高いことを伝えるための3つの方法。お店の方から「これはおいしいですよ！」「品質が高いですよ」と言ってもお客さまは素直には受け取ってくれません。だからこそ、だからこその「だからこそ法」です。例文を見ながら「あなたのお店ならどう表現できるか？」って考えながら読み進めてくださいね。

1：利用した瞬間の行動表現法
2：お客さまのセリフ表現法
3：次に起こす行動表現法

1：利用した瞬間の行動表現法

例：「使っていただくと、3秒くらい無言になる方が多いです」

「この料理を提供すると、香りをじ〜っくりと嗅いで目をつぶる方もいます」

「お客さま同士が目を合わせて、頷いていました」

お客さまが商品やサービスを利用した瞬間、または商品が目の前に来た時にどんな反応をしたか、どんな行動をしたかを観察しておき、それを具体的に表現する方法です。

お客さまの「行動」を具体的に書いています。お店の意見は入れません。お店の意見や考えを伝えると、お客さまは心の中で反論することもありますが、お客さまの行動という事実であれば、受け入れるしかありませんから。

例であげたような情報はどれも「品質が高いからこそ」起きていることです。行動の意味合いを理解したお客さまは、「きっといいものなんだろうな」と想像してくれることでしょう。

お客さまが商品やサービスを利用した瞬間、または商品が目の前に来た時にどんな反応をしたか、どんな行動をしたかをよく観察しましょう。こうして表現をするしないにかかわらず、ここには真実が潜んでいますからね。

2：お客さまのセリフ表現法

例：「この香り！何が入っているんだろう？」

「ん〜！こんなに濃いのは初めて！」

行動ではなく「セリフ」を表現する方法です。

お客さまはいろんな感想を発すると思いますが、中でも商品のこだわりポイントに対して発してくれたセリフを大事にしましょう。ねつ造はダメですよ。一人でもお客さまが発しているとが大事です。ただし、お客さまが言ってくれたからといって「おいしい」「とてもいい」「気持ちイイ」ではぼんやりすぎます。できるだけ具体的な言葉を拾うようにしましょう。

お客さまは、どんな言葉をポロリとこぼしています？

3：次に起こす行動表現法

例：「お代わりを注文される方が多いです」

「スマホで写真を撮る方もたくさんいらっしゃいます」

これまでは利用した瞬間の状況をとらえて表現するものでしたが、こちらは「利用後」の行動です。お客さまがどんな行動をしているかを表現する方法です。

お代わりを注文するということは、料理がおいしかったことが想像できますし、スマホで写真を撮っているということは写真映えすることが想像できます。どれも商品の魅力があるからこそ起きている行動です。こういうお客さまの行動を見ておき、具体的に表現をしましょう。

お客さまは、利用した次にどんな行動をしていますか？

大切なのは「**伝える**」**ではなく**「**伝わる**」です。
「だからこそ」を表現すれば、きっとあなたのステキさは伝わる！

■「ジーンとくる」言葉の調味料にはふりかけ方があった

本書は月刊誌に連載された3年分の原稿をまとめたものですが、実は全面的に書き直しました。ちょっと体裁を整えるだけでも良かったのですが、それは嫌でした。
だって、「雑誌」と「本」では読むきっかけが違うし時代の移り変わりもある。何よりも、私自身が進化しているので、今お出しできる私の120％全力をもって、読んでくれる方に活

用していただけるものにしたかったからです。

知っていますか？

意外なことに、知らない人の方が多いんです。

「**こだわりを伝える際の、魔法の調味料**」の存在を。

ただ、情報を整理して伝える時には不要ですが、ジーンと感じ入ってもらいたい時にはすごーく有効な方法です。そして、この技術は、知らなければ一生入れ込むことがない調味料でもあります。意識的に使うことで、あなたの伝える文章がジーンと伝わるものに変わりますよ。

魔法の調味料、

それは…「**心情**」です。

これを入れるだけで変わります。

1：あきらめない型
2：品質への情熱型
3：お客さまへの想い型

販促で使用する際は、この3つの「心情」が使いやすいかと思います。

1：あきらめない型

例：「このロールキャベツを完成させるまでに200回以上の試作を重ねました。なかなか決め手が見つからず、ダメかなと諦めかけていたところ、家で子どもが食べていたお菓子を見てピン！ときました。それを試したところこれだ！と納得、ようやく完成しました」

開発するまでに乗り越えた難題や苦労を表現するパターンです。「もうダメだ」という難題と苦労の積み重ねと、クリアしたきっかけが書かれています。例文の「諦めかけていたところ」「これだ！と納得」という部分がポイントです。これがあるのとないのでは読み手の印象は大違いです。作り手の心情を感じることができると、お客さまもよりこだわりを感じることができますよ。

商品作りやサービスを改良する過程で、諦めそうになったことはありますか?

2：品質への情熱型

例：「死んだ父が試行錯誤して作り出した当店の看板商品。〝必ずもっと良くする!〟と毎年ほんの少しずつ改良を加えて、今の形にたどりつきました」

商品を良くしたい・品質を上げたいという情熱と心情を表現します。

試行錯誤した歴史や、創業何十年などの歴史など重みがありますね。「必ずもっと良くする!」という想いを盛り込むことでよりメッセージが強くなっていますでしょう?

どんな情熱、持っていますか?

3：お客さまへの想い型

例：「この製品は裏面も手作業で磨き上げています。機械で仕上げることもできるのですが、どうしても粗くなります。お客さまに安全に心地よく使ってもらいたいから職人が1つずつ手作業をします。その方が断然仕上がりがいいのです。手間はかかりますがここは譲れません」

お客さまに喜んでほしいという心情を表現します。喜んでほしいから何をしているか。「安全に心地よく使ってもらいたいから」「手間はかかりますがここは譲れません」というのが「心情」です。この文章を抜いても意味合いは通じますが、「心情」という調味料を加えることでよりグッときませんか？

いかがでしょうか？

我われが伝えたいのは結局「情報」ではありません。お客さまにこだわりが伝わることで期待や信頼を高めてもらうこと。できたら、お客さまには「心を揺り動かして」ほしいのです。そのためには情報を伝えるだけでなく「こちらの心情や理由」を伝えることもとっても大事です。

私がこうして本書で「3秒で人を動かすしかけ」のありったけを丸出しにしているのは「苦労しているのにこだわりが伝わらない」お店が多いからです。ここまであからさまに書かなくてもいいと思うこともあったのですが、すぐに実践して手ごたえを感じてほしくてすべて丸出しにすることにしました。

お店の方から無理してアピールをしなくても、お客さまの方から動いてくれる「しかけ」を作れたら、お店のスタッフさんが頑張らなくても「こだわりが自然と伝わる」ようになるはず。その助けになれればと思っています。こだわっているのに伝わらないのってもったいないじゃないですか！このテクニックもぜひ使っていただけるとうれしいです。って、私のメッセージにも「心情」を入れてみました（本当の想いですよ）。

■「ぼんやり」をハッキリに換える「おつけもの5種」の表現テクニック

「おいしい」は伝わらない
「こだわりの」は伝わらない
「特別な」は伝わらない

「ぼんやり」した言葉は伝わりません。
でも、ぼんやり言葉をそのまま変換せずに使っていることが多い。
非常にもったいないです。

お店でよく使われる「ぼんやり言葉」の代表例は「**おいしい**」「**こだわりの**」「**特別な**」です。店内ではよく出てくる言葉だと思いますが、実は具体的には想像ができない言葉です。

せっかくこだわっているなら、せっかくいい品質に仕上がっているならば、それが伝わるようにした方がいいですよね？「ぼんやり言葉」をハッキリさせる表現の仕方をご紹介します。本当はお店の独自の言葉を作り上げてこだわりを伝える方がいいのですが、ここではすぐ使えて効果的な5つの表現方法を記載しますね。

「**おつけもの5種盛り法**」と呼んでいます。私は。

1：ばんづけ
2：いろづけ
3：かくづけ
4：くんづけ
5：ちからづけ

5種類の「おつけもの」。この表現テクニックを使うと、ぼんやりがハッキリしてきますよ。それぞれ具体的に解説しますね。「ハンバーグ」を事例にして表現してみます（本書ではハンバーグを事例に使うことが多いですね。私ハンバーグ大好きなんです。あと、カレーと焼き鳥とからあげとペヤングと大福も大好きです！）。

1：ばんづけ…番号・数字を使う

例：ほっぺた落ち指数96％のハンバーグ／バーグパワー120点／100回のボツを経て完成したレシピ／30年間注ぎ足しているソース

「ばんづけ」は、番号・数字を使う表現テクニックです。数字というのは、文字の中でも特別な存在感があります。分量や割合を表現できる文字なので重宝します。96％のハンバーグの隣に60％のハンバーグがあれば、その差がハッキリとしてきます。また、お店のこだわりや手間も、数字を入れることで「ホントにすごいな」と納得をしていただけるようになります。

あなたのこだわりを数字に置き換えてみると？

2：いろづけ…色が持つイメージを使う

例：バラ色ハンバーグ／黄金比率のハンバーグ

色にはイメージがあります（←さらっと書いてしまいましたが、これってスゴイことなんですよ。すでにあるイメージを活用させてもらうんです）。実際の商品の色ではなく、お客さまが持っている色のイメージを利用して想像を広げてもらう表現テクニックが「いろづけ」です。「バラ色」というのは実際にある色というよりは、なんだか幸せがいっぱいになりそうなイメージがありますよね。「黄金比率」というと、すごくバランスが取れているようなイメージがわきます。また、「金」には豪華や最上級のイメージがありますし、「黒」には裏があったり大っぴらに言いたくないようなイメージがあります。「黒歴史」や「黄色い声援」なども色のイメージを使った表現ですね。

あなたのこだわりを色で表現すると？

3：かくづけ…一般的な「格」のイメージを使う

例：横綱ハンバーグ／大関ハンバーグ／社長バーグ／部長バーグ／金メダル級のおいしさ

こちらも色と同様に、お客さまがすでに持っているイメージを使うテクニックです（↑これもスゴイ！すでにお客さまの頭の中にある知識を使わせてもらうので、いちいち説明しなくていいんです）。一般的に有名な格付けや等級付けの表現を借りて利用するのが「かくづけ」です。順序付けがしやすくなりますでしょう？おいしさや品質の差や順序がハッキリと伝わります。

あなたの商品を格付けしてみると？

4：くんづけ…擬人化する

例：ハンバーグくん／ハンバーグさん／マッチョバーグ／ぽっちゃりバーグ／2日間お昼寝したハンバーグ

擬人化する表現テクニックです。お客さまが感情移入しやすくなります。「ハンバーグくん」と「ハンバーグさん」という2つがあると、男性っぽさと女性っぽさが感じられませんか？「2日間寝かせた」と表現せずに「お昼寝した」と擬人化した表現をすると、なんだかハンバーグが生きているように感じられませんか？擬人化はキャラクター化するだけではありません。鉄板でジュージューと音が出るのを「しゃべるハンバーグ」などと擬人化で表現してみると、また、お客さまへの伝わり方も変わってきます。

言葉ではないですけど、商品に目や口をつけて顔に見立てたりポップで商品をキャラクター化するのもこのテクニックの応用編です。

あなたのイチオシ商品を人やキャラクターに見立てたら？

5：ちからづけ…「力」などの語尾をつけて名詞化する

例：ハンバーグ力／10年力ソース

語尾に「力」という文字を加えると、なんだかそんなものがあるような気がしてしまいます。「ハンバーグ力が高い」と表記すると、そんなものがあるような気がしてしまいませんか？この表現方法で一般的になったのは「女子力」ですね。そう言われると「女子力」というものがあるような気がしてしまいます。

他にも「草食系ハンバーグ」とか「ハンバーグ脳」とか「ハンバーグ筋」とかの表現も近いものです。語尾や頭に言葉をつけて名詞化するのが「ちからづけ」です。

どうでしょう？ぼんやりした言葉でも、この技術を使うとグッと伝わりやすくなりますでしょう?言葉の「ハッキリ力」が高まります。読みながら思いついた言葉があったら、忘れないうちにメモしてくださいね。このまま次の項目に進むと忘れちゃいますから。

■文章の「強度」はもっと上げられる!

どちらの方が、伝わりますか?

A:「絶対ヤダ!!食べたくない!!」と言っていた男の子が「おいしい!」と2つ目に手を伸ばしたトマト

B:とてもこだわっていて、おいしいトマト

AとB、どちらのトマトの方がグッときますでしょうか?

フレーズの「強度」を上げる技術を使うと、読み手への印象が変わります。こういう技術って文章術の本には書いてあるのかなぁ。たぶん書いてないいんじゃないかと思います。この章の

表現術全般に言えることなんですが、「文章の書き方」の本や「キャッチフレーズ」の本、「伝え方」の本には出てこないものばかりではないかと。なぜかというと…私がその専門家じゃないからです。私は言葉や文章の専門家ではありません。人が3秒で自動的に動き出すしかけの専門家（しかけデザイナー＝企画屋です）です。だから、本書に記載した表現術もそういう視点の技術たちです。文章の専門家ではなく企画屋の表現テクニックです。似たようなものも含まれているかもしれませんが。

ちなみに、「高い山といえば?」と聞かれて思い浮かべるのはどの山でしょうか?人によって差があると思いますが「富士山」をあげる人が多いと思われます。なぜ、「富士山」が覚えられているかというと、「強度」が高まる情報が加えられているからです。「強度」を上げる方法は、新たに努力をして品質を上げる必要はありません。我われが持っている手持ちの情報をフル活用して印象強く伝えるための工夫をすればいいのです。「やるかやらないか」で大きな差がでますよ。

具体的な技術を5つ紹介します。

1：GAP法

例：「分厚いのに、やわらかステーキ」「苦手なのに、お代わりをしたトマト」

商品やサービスが持つ特徴に、GAPのある言葉を付け加える方法です。仮に商品のウリが「やわらかい」だとして、それにGAPを感じるワードを考えます。「普通なら、やわらかくならないだろう」と想像させる言葉を加えられたら強度がアップします。「分厚いのに」とか「安いのに」とかが候補にあがりますね。他にも「厚み2センチなのに」とか「ゴツいのに」とかも候補になるでしょう。このような感じです。「わずか10分間なのにすごく変わる」などもGAPのある表現です。

「〇〇なのに■■」と表現できる言葉を探してみましょう。GAPを作れると強度が上がりますよ。

2：突き抜けワード法

例：奇跡のステーキ

突き抜けた品質を表す言葉を付け加えて、強調する方法です。とてもシンプルですね。

例えば、「夢の」「最高の」「驚愕の」「幻の」「贅沢すぎる」などがあがります。少しぼんやり感があるのでもう少し付け加えてみます。「現実に戻りたくないほどの夢ごこちの触りごこち」「やっとたどり着いた黄金比率！」「ツチノコレベルの希少性!?」こんな表現も「強度」を上げる言葉になります。

どうでしょうか？ウソはいけませんが、表現は強める方がお客さまには伝わりますよ。

3：この時期法

例：「1年で1週間しか採れない白桃」「春素材のソースで味わう〇〇」

時期に価値をつける方法です。この時期だからこそ、この時期しかないということをハッキリさせると「強度」が増します。

4：歴史法

例：「100日間寝かせた〇〇」「創業150年の」

歴史や時間の経過を意味する言葉を付け加えて強調する方法です。歴史は簡単に作れるものではありません。時間をかけたものには人は価値を感じてくれるものです。

「創業●●年」というのはお店の歴史であり、誇れる歴史ですね。他の店は頑張っても抜けるものではありません。また、そういうお店の歴史がなくとも「強度」を上げることはできます。「1週間煮込んだソース」「72時間しみ込ませた」などもGOODです。

5：1番法

例：「●●日本一を輩出したスクール」

やはり「1番」は印象的です。強いです。何かで1番になったことがあるなら表現しましょう。1番は聞いたお客さま自身に印象的なだけでなく、そのお客さまが誰か知人に伝える時にも言いやすい表現になるんです。「日本一のお店だよ」と言われたら「すごいね」となりますでしょう? そういうリアクションが生まれる情報は言いやすいのです。あ、「クチコミのしかけ」の話をしそうになってしまいました。「クチコミのしかけ」については139ページから詳しく解説しますね。先ほどの「富士山」もこちらに入ります。富士山が強いのは「日本一の」という強調表現がついているからです。仮に富士山が「日本一」じゃなかったらどうでしょう? 日本の象徴にはならないでしょうし、なかなか記憶に残らないでしょう。

今ある手持ちの情報でも、表現法をアレコレと練ることで「強度」を上げることができます。今使っている表現、キャッチフレーズなど、一度見直してみてくださいね。

おこぼれ（その2）

本書に書ききれなかった
「しかけアイデア」たちをご紹介します。
崖っぷちアイデアやボツ案も。

崖っぷち!? 2つ折りカードポップ

本書の執筆中に企画した変な「2つ折りカードポップ」です。2つ折りカードの形式で、窓からチラ見えしている彼は「あの人じゃないかな？」と予想するけど、開くと別人。「予想外を作るしかけ」です。
この「しかけ」を使いながら商品訴求のポップにしようとしています‥‥が、うまく行くかどうかはこれから。崖っぷちのアイデアです。面白そうでしょ？ぜひ、やってみてくださいね──（成果の保証はしませんけど♪）

第4章

販促力の
土台を作る

■人の心を動かす「表ニーズと裏ニーズ」

この本を読んでくれた方に役立ちたい！

この気持ちはウソではありません。でも、本当のことを言うと「この本を読んで実践して成果を出してもらって、『まきやすげー』って思われたい」って気持ち、あります。すみません。少なからずあります。


ごめんなさい。

本音を漏らしてしまいました…つい。


そしてもう1つ、ごめんなさい。

この本は小手先テクニック集の本なのに、本章では**真面目なこと・真っ当なこと**を書いてしまいました。お客さまを3秒で自動的に動かすテクニックではありません。商売や販促においてもっと本質的なこと。土台を力強くするための内容です。オモシロくなかったら飛ばして次の章に移ってくださいね（次の章は私の年収の話から始めています。はずかしいんですが）。

「表ニーズ」と「裏ニーズ」の話をさせてください。

「表ニーズ」は、お客さまが大っぴらに言えるニーズのことです。「おいしい料理が食べたい」「もっとキレイになりたい」「肩こりを治したい」など誰にでも言えること。

それに対して「裏ニーズ」は、「**人にはあまり言いたくないニーズ**」「**周りの人にはバレたくないニーズ**」のことです。本当は願っているけれど、周りにはバレたくないニーズ。「SNSでいいね！つけてほしい」「かわいいねって言われたい！」「金回りが悪いのを見られたくない」など。これが「**裏ニーズ**」であり、言い換えると「**ホントのニーズ**」とも言えます。どちらかというと「裏」の方が強力です。

「裏ニーズ」の方が一般的ではないので、具体的に見てみましょう。

例えば、最近は「SNS映え」や「インスタ映え」という言葉があります。お客さまが写真映えする商品や観光地などで写真を撮影してSNSに投稿します。こうしてもらえるとSNS上で拡散されますから、お店からすると0円広告です。これを目指しているお店もたくさんあるでしょう。

ところで、こういうSNS投稿をする際のお客さまのニーズは何でしょうか？「おいしい料理を食べたい」というのは土台としてもちろんあるでしょう。さらには「友達と楽しく盛り上がれるお店に行きたい」「楽しい体験をしたい」というのもあるでしょう。写真映えするような料理は、提供された時に友達と一緒に盛り上がれますから。でも、これらはあくまでも「表のニーズ」です。誰にでも言えるニーズです。

それでは、この時の「裏」は何でしょか？お客さまは写真を撮ってＳＮＳに投稿をするでしょう。その時の反応を求めています。「いいね！」がたくさんついたり、コメントをもらえたりと。また、「いいね！が多くついている状態を見られて人気者だと思われたい」という想いを持つ方もいるでしょう。そうした反応を求めていますよね。口に出しては言いませんが、投稿しても、誰にも「いいね」がつけられなかったら寂しいものです（ええ、私も時々ありますが寂しいものですよ、いいねゼロって…いいねしてほしい…）。

そこで得られるのは「承認」と「優越感」です。「いいね」と認められる承認と「私は素敵なお店に行っている」という優越感。そして、ＳＮＳの友達からそういう風に見られる優越感です。人気者に見られる優越感。ＳＮＳ投稿をする際に表立っては言いませんが、そういう「裏ニーズ」もあります。「私は、おしゃれなお店に行っている姿を見られて、優越感を得たいんです」とは周りには言いづらいでしょう。「裏」だからです。（深読みしすぎですか？あなたはそうは思ってないかもしれません。必ず全員とは言い切れません。でも、少なからずあるはずですよ）。ＳＮＳに関すると最近は「共感ニーズ」も高まっていそうです。同じ価値観を持つ人とつながりたい、同じようなことを面白がれる方とつながりたいというニーズも。

別のパターン考えてみます。

会社の部署内で、上司が自分のよく行くお店に部下を連れて行くとしましょう。ここでのニーズは、「部下をねぎらいたい」「おいしいものを食べさせてあげたい」などがあるでしょう。これは「表」です。

では、「裏」は何でしょうか?「上司として、ちょっといいトコロを見せたい」というものがあるかと思います。常連客になっていて、お店の女将さんや店長さんが顔を覚えてくれていて、店内に入ると「○○さんいらっしゃい」と名前で呼ばれる。そんなことが起きれば、上司は鼻高々です。これは部下には言えない「裏」です。

もう1つ、別のパターンを。

ちょっと高価な電化製品を購入したり、ちょっと高級なお店に行っていることをSNSに投稿する場合にも「裏」があります。「お金あるんだなー」とか「高級なところ行くんだなー」と見られます。これも「裏」の優越感を満たしてくれます。購入時点は自分がほしくて購入しているのかもしれません。でも、誰かに見せるとなると「裏ニーズ」も大きくなります（ホントに充実している人はそんな意図はないでしょうけど)。

どうでしょう。イメージはつかめましたか?
お客さまにはニーズがあります。それを満たしてくれそうなお店を選びます。そして、そのニーズには「表」と「裏」があるのです。

我われ商売人が満たすべきお客さまのニーズはどちらか。

もちろん、両方ですよっ!

お客さまの顔、誰か浮かびますか?
想像してみてください。そのお客さまが満たしてほしい「表ニーズ」と「裏ニーズ」は…?

「表」と「裏」の両方をお店が把握していれば、打つ手が変わるはずです。

■売る前に「買う前キモチ」を想像すべし

順番を変えてもらえませんか?

考える順番を。


販促企画をする時に、初めに何を考えますか?「メニューのこだわり」や「キャンペーンのウリ」でしょうか?それはちょっと待ってほしいんです。

その前にやるべきことがあるんです。順番が大事。このステップを経ることで販促効果はグンと高まります。狙いがしっかりと定まるので、仮に結果が思わしくなくても次の改善がしやすくなります(また、この項目でも小手先でない本質を書いてしまった…)。


では、企画の一番初めに何をすればいいのか。

それは、お客さまの「**買う前キモチ**」を想像することです。**お客さまが「どんな気持ちになったら、この商品・サービスを注文したくなるかな」とか、「どんな気持ちになったら来店したくなるかな」と想像をするのです。**その時の気持ちは「よさそう」「お買い得」「おいしそう」だけではありませんよ。先ほどの「表ニーズ・裏ニーズ」を思い出してくださいね。

お客さまがどんな気持ちになったら、
あなたのお店に行きたくなりますか？

お客さまが決断をする時にはいろんな気持ちがあります。まずはその気持ちを想像するんです。1つではありません。いろんなお客さまがいらっしゃいますから、注文したくなる気持ちにもいろんなパターンがあります。まずは想像を広げていろんなパターンをあげてみましょう。それから「今回はこのパターンに絞ろう」と決めるんです。そして、お客さまがその気持ちになっていただけるような「表現」や「しかけ」を作り込んでいきます。企画を考える際にやってほしいのはこういう手順です。

ここでは分かりやすくするために、1つの商品を題材にして具体的に例をあげていきますね。仮にSNSで話題になっているアップルパイがあるとします。この注文が促進されるようなポップを考えてみましょう。

まずは、お客さまの「買う前キモチ」を想像します。どんな気持ちになったら、お客さまはこのアップルパイがほしくなるでしょうか？例えば、こんな気持ちが考えられます。

1：SNSに投稿したら「いいね」がたくさんつきそう（認められたい）
2：ここだけ？なら逃したくない（損したくない）
3：それってどういうこと？知りたいな（好奇心）
4：なんかすごそう。おいしそう。体験してみたい（衝動）

このような感じでしょうか（他にもあるかと思います。施術サロンなど問題解決型のサービスの場合はだいぶ違うので後述しますね）。お客さまがこういう気持ちになった時に買ってくれるならば、こういう気持ちが高まるように「伝え方」や「しかけ」を工夫していけばいいことになりますね。それぞれについてポップに盛り込むキャッチフレーズや画像などを考えてみましょう。

1：SNSに投稿したら「いいね」がたくさんつきそう
例：「Ｉｎｓｔａｇｒａｍで話題！あのアップルパイ！」「＃○○アップルパイ　１０００

件以上！ありがとう」

このようなキャッチフレーズをつけながら、ポップには見た目でも訴求してみましょう。「SNS映えしそうな見た目の写真」「Instagramのマーク」「いいねマーク」「スマートフォンのイメージイラスト」なども掲載してみてはどうでしょう？SNSに投稿するイメージを見た目と言葉で作っていきます。たくさんの人がSNSに投稿しているイメージがわくと、行動イメージがわいてきます。もちろん、実際にSNS映えする商品でなければダメですよ。ウソになっちゃいますから。

2：ここだけ？なら逃したくない

例：「当店オリジナル製法！」「●●おじさんのアップルパイ」「横浜駅前アップルパイ」「期間限定！●日まで」

このようなフレーズはいかがでしょう？このお店にしかないオリジナル商品であることが伝わると「ココだけ感」が高まります。人は損をしたくない生き物ですから「ココを逃したらもう手に入らない」と思っていただけると決断しやすくなります。

3：それってどういうこと？知りたいな

例：「**通常よりも5倍の厚みのパイ生地です**」「**香りの嗅ぎ過ぎにご注意ください**」「**焼きたてよりもおいしい食べ方あります**」

こんな感じはどうでしょうか？どれも頭に「？」が残るフレーズかと思います。お客さまに「どういうことだろう？」「何か意味があるのかな？」と思っていただければ、それを知るために購入を決断することがあります。高額品だと難しいですが、気軽に買える商品であればこの気持ちを想定するのもアリ。

4：なんかすごそう。おいしそう。体験してみたい

例：「**アップルパイなのにイチゴのような香り…⁉**」「**大きめカットのゴロゴロリンゴを噛むと甘みがあふれ出す**」「**食べている間に味が3回変わる⁉**」

こんな感じはいかがでしょう？「体験したい」という衝動を促すための「しかけ」なので、食べた瞬間に起きることや、半信半疑になるような情報を盛り込んでみました。ついつい体験してみたくなりませんか？もちろんウソはダメで、商品の特徴に合わせて作らなければなりませんけどね。

アップルパイはどちらかというと「プラスを生む商品」です。

逆の位置づけの商品やサービスに「マイナスを減らす商品やサービス」があります。体の痛みを軽くしてくれる施術サロンなどが分かりやすいかと思います。そういうお店の場合は「買う前キモチ」の切り口はだいぶ変わります。

こんなところでしょうか？

・ここなら何とかしてくれそう（期待）
・スタッフさんがいい人そう（安心）
・友達がいいって言ってたから（信頼）

これらはあくまでも参考例です。実際にはお客さまごとに異なりますが、できるだけ具体的に想定をしておいた方がいいのは本当です。このような気持ちになれば来店してくれるなら、そうなるような情報を提供したり、そうなるような「しかけ」を作っていけますでしょう？

いかがでしょうか？

お客さまの「買う前キモチ」を想定して、そうなるための「しかけ」を作る。そういう順番で考えていきました。まずは「買う前キモチ」を考えてほしいんです。順番が大事。いきなりやらないでほしいのは「いきなりウリや特徴を書くこと」です。

さらに、もっとやらないでほしいのはアレです。

とりあえず「値引き」をすること。

■選ばれるお店になる「ここまでやるか!品質」の法則

またしても、小手先テクニックでない本質的なことを書いてしまいました。ごめんなさい。外そうかとも思ったのですが、やっぱり大事だから外せませんでした。あなたのお店がこれからクチコミで評判になっていく時の土台になる項目です。

「どんなお店?」と噂になった時に「○○なお店だよ」と即答されて「そりゃスゴイね!」とリアクションされる。そういうフレーズがあった方がいい。絶対にいい!これが用意されているかどうかはホントに大きな分かれ道になるはずです。他の章でとことん紹介している小手先テクニックが本当の意味で活きるかどうかは、この土台があるかどうかです。

「こだわりなら持っている」という商売人さんはたくさんいます。提供している商品やサービスに自信を持っている方もたくさんいます。あなたもそうでしょう？

そのこだわりを10秒間で説明してみてください。
お店の自慢ポイントを、10秒間で説明してみてください。

できたかもしれません。
では、もう1つ大事なこと。

そのこだわり、お客さまが知人に話すことはできますか？

どうでしょう？

あなたのお店のこだわりを、お客さまがあなたに代わって知人に話せる状態。話した結果、「すごーい！」と返ってくる。ここまでができていればバッチグーです。

我われは自分たちで広告宣伝をしていくことももちろん大事ですが、お客さまの評判もまたとっても大事です。評判がうまく広がったら広告宣伝は楽になります。そのためには「しゃべりやすい言葉」がとても大事です。

しゃべりやすい言葉を詳しく言い換えると、**記憶に残りやすい言葉であり、誰かにしゃべりやすく、しゃべった結果リアクションが起きやすい言葉**です。そういう言葉にはやっぱり共通点があります。その共通点に沿って「しゃべりやすい言葉」が用意されていれば…バッチグーなんです。

それをパターン化したものを、私は「**ここまでやるか!品質**」と呼んでいます。そのこだわりを聞いたら「ええ!そこまでやるの!?」というリアクションをしてしまうようなものです。そういうパターン集を作りました。全部で10の法則があります。ちょっと項目が多いですが、大事なので紹介していきます。あなたのお店に合うものをぜひ見つけてください。

すでにあなたのお店にはこの要素が備わっていることかもしれません。
いや、これからもっと進化をさせて、品質を上げていく必要があるかもしれません。
あなたのお店の正解は、この10法則以外にあるかもしれません。
大事なのは「お客さまがしゃべりやすい評判フレーズ」を用意しておくことです。たった1つでいいですから。これが大事なのは本当に本当。

1：こだわり細かすぎの法則

例：「焼き鳥のモモ串、一口目のモモ肉と、三口目のモモ肉を使い分ける職人」「文字の位置が1ミリ違うだけで効果が変わるというデザイナー」「ツボ押しの指の角度が少し変わるだけで違いがでるという施術士」

一般的には想像がつかないほど細かな点までのこだわりを伝える法則です。このような話を聞いたら、「え！そこまでやってるの？」と唸ってしまいませんか？専門店なら目指したい法則です。

特に一般的なイメージがある商品やお店ほど効きます。他店でも扱っている商品なら一般的なイメージがありますので、「こだわり細かすぎの法則」が入ると、お店のこだわりがグッと際立ちます。

（**こっそり話です**）実は、プロの職人にはそう珍しくなくても一般のお客さまにはびっくりされることって結構あるんです。気づかないだけで。お店のことを詳しくない方にいろいろと話してみてください。びっくりされることが見つかったらしめたものです。え？「他店もやっているから、アピールにならない」ですって？何をおっしゃいますか。だって他店も表現できていないから、お客さまはびっくりしているんですよ。

2：手間かけすぎの法則

例：「皮串を1本焼き上げるのに30分かかる焼き鳥屋」「裏面の見えないところまで5回も磨き上げた商品」

びっくりするくらいの手間がかかっていることを表現した法則です。想像をはるかに超える時間や日数がかかっていたり、制作の過程で想像をはるかに超える回数の手間をかけていたりすると、お客さまは「そこまでやっているのか」と唸ってくれるでしょう。これも先ほどの法則と同様で、品質に対しての専門性とプライドが伝わります。

3：とことんサービスの法則

例：「デザートにお客さん一人一人の似顔絵が描かれたレストラン」「来店のたびに手書きのハガキを送ってくれるお店」

気づきましたか？

この法則では、商品やサービスの品質をアピールしていません。お客さま一人一人に対してとことんサービスを行うことで唸られる方法です。お客さま一人一人に対しての何か特別なこと。体験したお客さまにとっては自慢ネタです。「毎日、全員のお客さまにできるサービス」という視点じゃなく「年に何回かの行事だけ」「お客さまが予約した特別なプランだけ」という視点でもいいです。お客さまが「私のために、ここまでしてくれるの？」と唸ってしまうサービスを考えてみましょう。実現するしないは後にして、まずはスタッフさん同士でアイデアを出し合ってみては？スタッフさんの視点が変わり始めるかも。

4：そんな視点あるの？の法則

例：「肩こりには小麦を減らしなさいと言う施術士」「数学的にゆで卵を作る調理師」

意外な視点を持ち込む表現方法です。一般的に想像するのとは違う視点。その道に精通して追及したからこそ、別の視点を持っていると信憑性が高まります。目立ちたいからと変なことをしてもあまり効果はないですよ。

5：歴史には勝てん！の法則

例：「200年注ぎ足したタレ」「創業400年」

別の章にも出てきましたが、歴史は強いです。印象強いです。歴史を作るのは商売人の思惑だけではできないからです。人がコントロールできない時間という資産を持っているお店や会社には重みがあります。

6：超すごい素材の法則

例：「1年に1週間しか採れない白桃」「日本で1ヵ所しか製造できない素材」

聞いただけで「それはスゴイ！」と唸ってしまう素材をアピールする方法です。「1年の中で限られた期間だけ」「日本でも作っている場所・人が少ない希少な素材」「超高級な素材」「超希少な幻の素材」などをもし持っていたらそれは価値！

7：すごい数字の法則

例：「1年で1000冊読書」「10分名刺」「日本一の」

ただの数字ではありません。すごい数字です。圧倒的な数字を持っていると印象づくし、人に話した時にも「そりゃスゴイ！」と唸られます。そこそこの数字ではダメですね。誰でも達成できる数字でもダメ。圧倒的な実力があってこそ生まれた数字や、圧倒的な努力の末に達成した数字は唸ります。

8：とびぬけ名物の法則

例：「超巨大焼肉が名物の焼肉店」「1つ1万円もする〇〇」「3時間行列するカレー」

明らかに飛びぬけた名物品があると、唸ります。見た目からして特別感のあるもの、値段が明らかに周りとは飛びぬけている商品、人気すぎる商品など。名物になるかどうかはセンスと努力次第ですが、企画をすることは可能な視点ですね。

9：奇跡起きた！の法則

例：「1億円の商談がまとまった席」「〇〇の病気が治った方がいるサービス」

お店や商品を利用したお客さまの身に奇跡が起きたら、それは伝説になり得ます。再現性の保証はできませんが、奇跡のエピソードとして語られるものになり得ます。人にしゃべっても「すごいね！」とリアクションの得やすい内容でしょう。実は過去にあなたのお店でも、すごいことが起きていたかもしれませんよ。覚えていませんか？

10：量より質の法則

例：「有名人の○○さんが通っている」「あの有名企業を担当している」「あのＴＶに出た」

大量の実績をアピールするよりも、誰もが分かるたった1つの実績をアピールする方法です。「これまでに1万人が来店した」という量のアピールをしたところで、なんとなくすごいことは分かってもどのくらいすごいかは分かりづらいです。でも、「有名人の○○さんも通っている」と誰もが知る名前が出てきたら一発で覚えるでしょう。ただし、これは相手の了解が必要ですよ。勝手に漏らしてはいけません。

ここまでが「ここまでやるか！」と唸りやすい見本フレーズ集です。ぜひ、参考にしてくださいね。そして、あと3つだけおまけを。唸りませんが、覚えやすく他との違いをハッキリとさせやすい法則です。

（おまけ）

11：代名詞の法則

例：「ヒゲでハットをかぶっている人」「店頭に大きなゾウがいるお店」

外見・外観に分かりやすいビジュアルを作る法則です。覚えやすいですよね？

12：非常識・GAPの法則

例：「温泉なのにお湯がない」「冷めた方がおいしいハンバーガー」

普通とは違うと印象づきやすいです。覚えやすいし言いやすいですよね。

13：レアな専門家の法則

例：「コンサート専門のチラシデザイン会社」「左利きグッズ専門店」

「専門」にすると広がりは大きくないですが、その対象の方に対しての紹介が起きやすいです。客層を覚えやすいんです。

どうでしょうか？

この10法則＋3つのおまけは、あなたのお店の評判の土台を作ります。「お客さまが記憶しやすくてしゃべりやすい。そして、しゃべった時にリアクションが起きやすい」。これがフレーズの条件です。この法則以外でもいい、あなたの評判フレーズを今から作っておきましょう！

■「また今度」を「今決断」に換えるダケ&ワケ

「また来るよ　そのまたはいつ　来るかしら」

決断をしていただかないと、来店してもらえないし、購入してもらえません。購入してもらえないと、お客さまをハッピーにできません。決断をしてもらうための「しかけ」も大事です。

「いつか」「また今度」のまま放っておいても、そのいつかは一生訪れません。お客さまが決断する理由がないことが原因です。お店の方から「決断する理由」を提供すればお客さまの行動も変わります。ここではお客さまの「また今度」を「今決断」に換えるための「ダケ&ワケ」を紹介させていただきます。

決断をしてもらうための「しかけ」です。販促キャンペーンをする際にはほぼ必ずやることですので、目新しい内容ではないと思いますが、切り口を技術的に分類しておくことで今後のバリエーションを増やせると思います。ぜひ、参考にしてくださいね。難しい話ではありません。

お客さまに決断を促すためには、2つの要素が有効です。

1：ダケ…限定要素（今だけ・ここだけ・私だけ・これだけ）
2：ワケ…決断理由（お得がなくなる・特典がなくなる・手に入らなくなる）

この2つの要素を組み合わせてお客さまに提案しましょう。お客さまは先延ばしにせずに決断をしてくれるようになるでしょう。もちろん「決断」には「行かない・買わない」という決断も含まれます。それでもいいんです。白黒つかないグレーな状態の方がどっちつかずですから。

では、詳しく解説いたします。

「ダケ」を中心に「ワケ」を組み合わせて見本事例をあげていきますね。あなたのお店ならどんなことができるか、置き換えながらゆっくりと読み進めてくださいね！

【今だけ】

期間を限定する要素です。キャンペーン期間は●月●日までですよとか、当日限定ですよという区切り方です。これにワケを組み合わせてみます。

●今だけ×お得でなくなる

例：春の特別キャンペーン。5月末まですべて2割引き！

●今だけ×特典がなくなる

例：秋のキャンペーン。4人以上で来店すると1品プレゼント！

●今だけ×手に入らなくなる

例：この特別メニューは素材が手に入った今日だけ！

こんな感じです。期間限定キャンペーンなので分かりやすいですね。やっているお店も多いでしょう。「今だけ」と期間を区切ってお客さまに決断をしていただきましょう。

【ここだけ】

場所や地域を限定する要素です。このお店にしかない・この地域にしかないと感じるとお客さまは決断をすることになります。

●ここだけ×お得でなくなる

例：当店は生産地と直接契約しているので安い！他では実現できない価格です！

●ここだけ×特典がなくなる

例：当店限定のキャンペーン。4人以上で来店すると1品プレゼント！

●ここだけ×手に入らなくなる

例：当店オリジナル！とろけ〜る魔法のハンバーグ（当店でしか食べられません）

自店舗にしか取り扱いがないもの、他では取り扱えないものを提案しましょう。「ここで注文しないともう利用できない」と思っていただけたらしめたものです。

【私だけ】

人物を限定する要素です。他の人には当てはまらず「私だけに当てはまることだ」と思ってくれたら、お客さまの決断が始まります。

●私だけ×お得でなくなる

例：お得意さま限定！こっそり割引サービス（DMなどでお得意さまだけにお知らせ）

●私だけ×特典がなくなる

例：血液型キャンペーン！今月はA型の方に一口デザートプレゼント

●私だけ×手に入らなくなる

例：「今日は●●さんが来ると言ってたんで、特別に●●の素材を仕入れておきましたよ！」
（お得意さまに個別に提案する）

いかがでしょうか？この「私だけ」には、「私のために」というパターンと「私にも当てはまる！」というパターンがあります。さらには「●●してくれた人だけ」というパターンも人物限定に入ります（着物を着て来店した方限定など）。どんな方向けにするかといろいろと考えてみてください。区切り方を変えることで何度も繰り返し企画ができます。

そう言えば、私が25歳の時。初めて店長を務めていた飲食店で、メールマガジン販促を男女別に送っていました。片方には「あたりメール」、もう片方には「はずれメール」でそれぞれ特典を変えていました。これも「私だけ×特典」の「しかけ」になっていたんですね。当時はなんとなくやっていましたが。

【これだけ】

数量を限定する要素です。残りは「これだけ」ですよと提示することで、少しでもほしいと思っているお客さまの心は揺さぶられます。女性は特に「限定」に弱いと言われますが、それは主にこの数量限定の「これだけ」を使ったキャンペーンになります。

●これだけ×お得でなくなる

例：先着20名さま限定！食べ放題が2割引き！

●これだけ×特典がなくなる

例：おまけつきセットは、あと7人分で終了です

●これだけ×手に入らなくなる

例：1日10食限定！幻のとろけるハンバーグ！あと3人分で終了！

数量限定は分かりやすい、お客さまも決断しやすい要素です。数量限定の企画を行う場合は、着実に減っていき「売り切れる」ことが大事です。お客さまは見ていますので、「全然減っていかないじゃん」とか「毎日先着10食とかやっているけど、毎日売り切れていない」と見られてしまうと逆効果です。人気商品で「すぐに決断しないと手に入らない」と思っていただけるものにしましょう。

シンプルでカンタンでしょう？おそらく普段から実施していることも多いと思います。でも、技術的な分類はあまりされていませんので、この「ダケ＆ワケ」をぜひ武器にしてください。

勘のいい方は気づいているかもしれません。ダケ要素「今だけ・ここだけ・私だけ・これだけ」は1つでなく組み合わせても強力になることがあります。例えば、「当店オリジナルのメニュー（ここだけ）は、限定10食（これだけ）」とか「8月末まで（今だけ）！浴衣で来店された方だけ（私だけ）サービス」といった感じです。このような組み合わせもぜひ考えてみてください！

ふぅ、ここまでで真面目な話はおしまいです。この章は小手先テクニックでなく真っ当なことを語ってしまい失礼いたしました。ここまでお付き合いいただきありがとうございます。

次の章からはまた小手先テクニックに戻ります。
5章は、お客さまに「好き」になってもらうためのテクニックです。
まずは、私の年収の話から。

第5章

「好き」と思われる秘術

■私への興味を作る小悪魔の9テーマ

私の年収のこと、
ちょっと話してみようと思います。

初対面の相手、まだ少ししか知らない相手にはそんなに興味を持たないでしょう。その方を何とかして応援して助けたいとも思わない段階です。人と人の関係って初めはそういうものでしょう。

「興味なし」→「ちょっと興味あり」→「なんかいい人かも」→「素晴らしい取り組みをしている人だ」→「応援したい」のような段階を経ていくものだと思います。ただし、こうした段階を経ないで断ち切れになることも多々あるはずです。心が近づかずにそれ以上は仲良くならなかったり、それ以降は会わなかったり、それ以降はお店に通わなかったり。

そこで「**小悪魔の9テーマ**」を。

これからあげる9つのテーマは、まだそんなに関係が深くない関係でもこちらに興味を持ってもらいやすい話題です。耳や意識を傾けてくれやすい。ただし…**キレイではありません。かっこもつきません。**できたら、あなたはあまり**人には話したくないこと**かもしれません。

だからこそ、相手の興味を引けるとも言えます。

まず、1つ興味を持っていただくことってすごく大事です。

来店されたお客さまへの接客時のトークで、ブログやメールマガジンで、SNSの投稿で、ニュースレターなどで少しずつ話題にしてみてください。相手からの興味具合と感情移入具合が少しずつ変わっていくはずです（相手は表立ってはそういうそぶりを見せませんけどね）。

1：色恋の話

定番ですが、人が興味を持ちやすいポイントです。不倫とか、好きな人がいるとか、不倫とか、恋人ができたとか、不倫とか、別れたとかフラれたとか、不倫とか…やっぱりそういう話は聞きたくなってしまうし、盛り上がってしまうものです。他人の話を勝手にするのはマズいですが、本人が自分で話す分にはいいでしょう。あ、不倫の話はできないか（むちゃくちゃ興味づく話題ですけどね）。

2：お金の話

人のお金の話も興味を持ちやすい要素です。どのくらいのお給料をもらっているとか、年収とか、貯金額とか、過去の借金とか、高額の●●を購入したとか。経営者同士だと、お互いの年商とか利益とかも興味対象ですよね。

スタッフのお給料をバラしなさいという意味ではありませんが、人が興味づきやすい要素だというのは間違いありません。ちょっと奮発して購入した時計の値段とか、大好きなアーティストのために年間●●円使っているとかならアリでしょう（本人がＯＫなら）。

そうそう、私の年収の話をするんでした。あまり詳しくは言えないんですけど…

まだ、「年収３０００万円」には届いていません。

あ、ごめんなさい。だいぶ届いていません。ふぅ家族4人で横浜で4LDK賃貸一軒家暮らし。大学1年生の長男碧（あおい）と小学4年生の次男虎珀（こはく）がいます（本書の出版時点で）。長男が都内の私立大学に入学したんですが、想定していたよりも学費が高くて「父ちゃんさらに頑張るぞ」と奮闘しているところです。

ほら、なんだかんだ計算してません？

3：生死の話

この要素はネタとして扱うものではありません。例えば、店主の病気とか、スタッフさんが病気をしてしまったとか、そういう話は心配の対象になります。「興味」という位置づけにするのは良くありませんが、人が気にかける要素であるのは本当なので入れてあります。

以前に患ったけど完治した大病の話や、若い頃に事故に遭ってしまった話などであれば、お客さまも安心して聞けるでしょう。リアルタイムのことを話すと、お客さまに心配をかけることになってしまいますので注意してくださいね。

4：失敗・不幸話

これが一番使いやすいです。「人の不幸は蜜の味」という言葉もある通り、人は人の不幸話や失敗話は大好きなんですね。倫理的にいいとか悪いとかは別で、大好きなんですよ。

「店長時代、お店の閉店時に水道を止め忘れて一晩中水が流れていて、翌月の水道代が2倍になっていてオーナーさまにかなり叱られた」という失敗話とか、「独立後に自社サービスが軌道に乗って調子に乗っていたら、大手企業から警告状が届いた」という失敗話とか（どちらも私の失敗話です。失敗だらけの人生なんです…）。

このように仕事上の失敗談をネタにしてもいいですし、私生活での失敗をネタにしてもいいでしょう。「奥さんと付き合い始めの頃、『指輪を買ってからレストランに行く』という約束を忘れていて、直接レストランに連れて行ったら、2週間くらい口をきいてもらえなかった」話とか（これも私の話です）。

「今なら笑える失敗談」をぜひお客さまに披露してみてください。きっとあなたの話に興味を持ってくれるし、感情移入してくれるでしょう。

5：ちょい悪話・危険なにおいのする話

ホントに悪い話ではなく「ちょい悪」程度の話を。

「学生の頃、親にウソをついて友達の家に泊りに行った」話とか。「昔はヤンチャしていて、●●した」は話とか（このあたり、全くもって私の話ではありません）。ちょい悪話は聞いていてもドキドキするものです。そういう話に魅力を感じてしまうのは、私が真面目っ子だったからでしょうか？

ホントに悪い話や法律に違反している話はよしておきましょう。笑えない話はお客さまも引いてしまって、逆に心の距離が遠のく可能性があります。

6：秘密の話

好きですよね。秘密の話やここだけの話。ちょっと仲良くなったお客さまに「ナイショにしておいてくださいよ。実は隣のお店のスタッフさんが気になっていて」とか。お客さまには喜んで楽しんでくれる方もいるでしょう。まぁ、ナイショ話はナイショでは済みませんので、本当の秘密をしゃべる時は心しておきましょうね。

7：対立・ネガティブ評価の話

「息子とケンカして仲直りできていない」とか「実は近くにできたお店の店長が感じ悪い」

とか。これを取り上げるのがいいかどうかは置いておきますよ。対決・対立・ケンカの話って興味づく話題なんです。ただ、誰かの悪口になるような話題はお店ではオススメしません。息子とケンカ中くらいの方が可愛げがありますね。以前は対立していたけど今は和解している話とか、以前は嫌いだったけど今は仲直りしているとかなら話してもいいかも。また、誰かから批判を受けている話や悪いクチコミで悩んでいるような話もここに含めておきます。

8：コンプレックス話

お笑い芸人さんとお話をしている時に（芸人さんとのお仕事を始めたんです）、「人の下に立つ仕事です」と言っていました。人は自分より下の存在を見つけて笑うのだそうです。自分と比較して、自分よりも下だと感じると安心するのでしょうね。キレイな話ではないし気持ちイイ話でもありませんが仕方ない。

だから、コンプレックスを抱えている話も、相手からすると興味づく話です。相手からすると「下の対象を見つける（もしくは共通点&親近感）」ことになるからです。

「実はおでこの生え際が成長期に入りまして、さらに反抗期で育毛剤をシカトするんです」とか「今年に入って顔のシミが目立ってきて、41歳にして初めて化粧水をつけています」とか。どっちも私の話なんですけどね。キャー！

9：リスクのあるチャレンジ話

「貯金を全部使って新しいプロジェクトにチャレンジします」など。ただのチャレンジ話ではそこまで興味づかなくても、背負っているリスクが大きいほど興味づくものです。

おまけ：共通点

おまけです。これまでの9つとはちょっと違います。これまではネガティブなテーマばっかりでしたが、やっとポジティブなテーマです。お客さまとの間に「共通点」が見つかると、グッと心の距離が近くなります。

ワンちゃん好きが共通していたり、出身地が共通していたり、大好きなアーティストが同じだったりと。共通点が見つかると一気に心の距離が近づきますね。名札の名前の下に「●●が好きです」とか書いておくと話題のきっかけになるかもしれませんよ。

ふぅ、ついに書いてしまいました。

この項目の話はちょっと意地が悪いものでした。まとめると「隠している部分」とか「あまり言いたくないところ」とか「はずかしいこと」です。キレイじゃないしあまり気持ちのいい内容ではなかったでしょう？でも、そういうところって興味づきやすいんですよね…もぅ仕方ないです。

■ファンを作るなら「オスシ」を握れ！

ファンは頑張っても作れない。

お店や会社のファンてとっても大事な存在です。応援してくれるファンの方がいると頑張れるし、新しいことにもチャレンジできますよね。ただ…ファンがほしいと願っても、どこにも売っていません（売っていたらどんなに楽なことか…）。ファンがほしいと願っているだけではその願いは叶いません。一生懸命

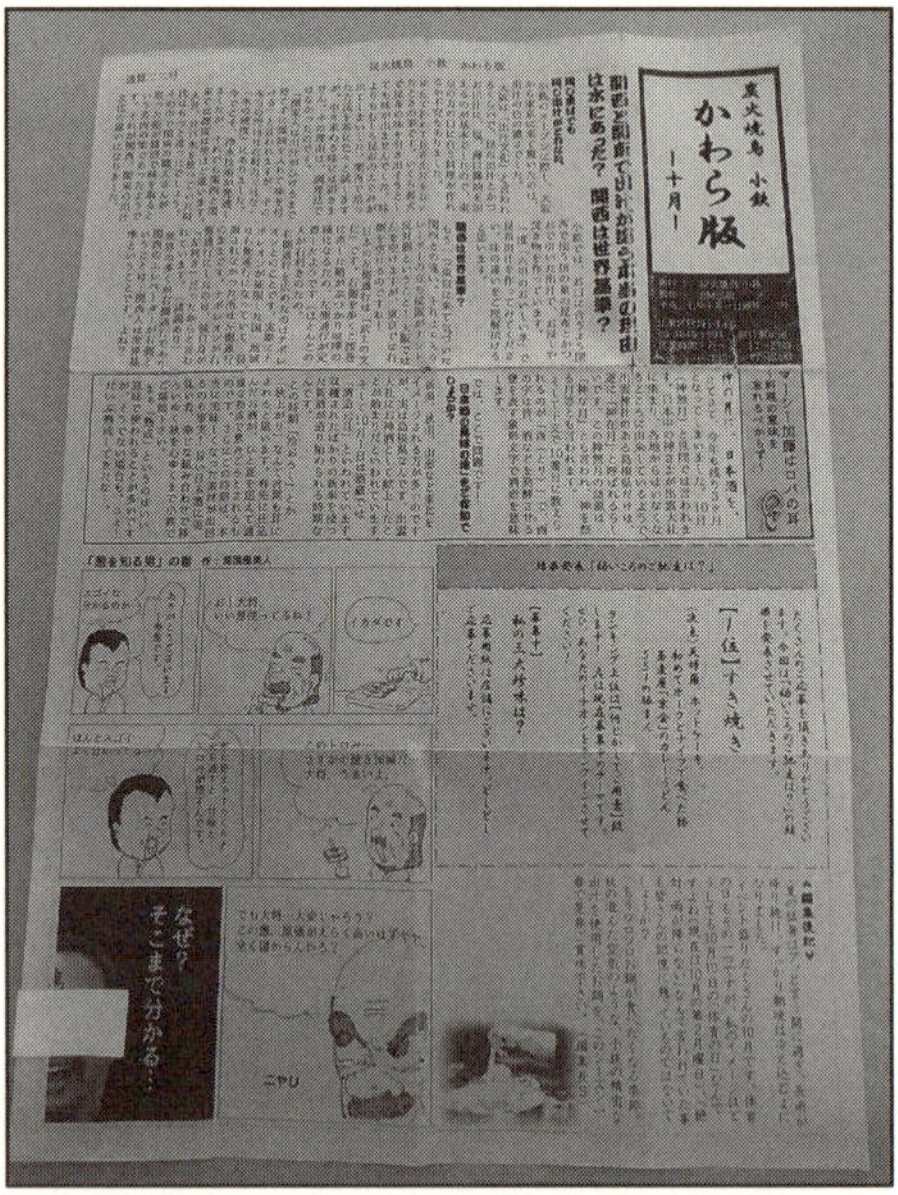

に頑張るだけでは、その願いは叶いません。

人がファンになる理由・応援したくなる要素を踏まえて発信することで、よりスムーズにファンが増えていくでしょう。もちろん急に増えるわけはなくジワジワですけどね。

ファンが増える「しかけ」を用意しておくと業績も伸びます。写真の新聞のようなグッズは焼き鳥屋さんで毎月制作をしてテーブルに設置していた「かわら版」です。

・店主のこだわり：ものすごく細かいところまでのこだわりがスゴイ
・マンガ：店主が主人公。ちょっとおっちょこちょいな話に
・お客さま参加コーナー：テーマを決めてお客さまから回答を募集して次号掲載

こんなことを毎月掲載していました（マンガは私が書いていたんですよ、素人感がちょうどいいでしょう♪決してうまくない…）。店主のとことん追求したこだわりと品質があってこそですが、それが伝わっていく仕組みをカタチにすることで業績にもつながりました。数ヶ月で来客数は１４０％となり安定していきました。

日本には「いいお店・会社」って多いです。商品やサービスの品質が高くってスタッフさんの感じもいい、そんな「いいお店」って増えています。お店側からすると、とても厳しい時代になったものです。いいお店が周りにたくさんありますから、カンタンにはお客さまに選んでもえらえないのです。メニュー構成や価格などがウリだと、一度目は選ばれても二度三度来店してもらうことは難しい状況です。

そんな時代に活きるのは「人と人との関係」です。お客さまは人ですし、スタッフさんも人です。商品の品質以外に、**「好き！」と感情移入できる相手であれば贔屓して選ばれやすくなります。**逆に、感情がなければメニュー構成や価格などの「スペック情報」で選ばれてしまいます。すぐ他店に乗り換えられてしまうということ。お客さまにファンになってもらえれば、お客さまはあなたのお店を贔屓して来店してくれることでしょう。少なくともメニュー構成や価格で他店を選ぶ機会は減るはずです。だって、どのお店も満足できる品質や価格だったら、好きなお店を選ぶのはごく自然のことでしょう（新しいお店に行きたいという想いもありますけどね）。

お客さまにファンになっていただくために必要な要素を解説します。
「お客さまをファンにするオスシ」です。

1：ステキ
2：スゴイ
3：スバラシイ
4：スキ

この4つの要素です。それぞれの頭文字が「ス」なので、スが4（し）つで、「オスシ」です…ダメ…ですか？

「オスシ」をバランスよく発信すると、お客さまはスタッフやお店に感情移入をしてファンになりやすいです。

1：ステキ
見た目のステキさのことです。ステキさを演出する場は「スタッフ」と「お店・商品」に分けられ、中身は「質の高さ」と「オリジナリティ」にそれぞれ分けられます。

●スタッフ×質の高さ

スタッフの見栄えによって「ステキ！」と思われるように演出をします。美男美女にしましょうということではありません（それはそれで優位なんですけど）。まずは整った身だしなみや立ち振る舞いです。また、制服の選択によっても見栄えは変わりますので、お店のイメージが表現できるものにしましょう。

●スタッフ×オリジナリティ

質の高さだけでなく、オリジナリティも「ステキ！」につながります。他のお店にはない制服を着ていたり、小道具の帽子などをかぶっていたら見た目のインパクトが生まれます。店内で共通して使うかけ声もここに入ります。

●お店・商品×質の高さ

店内の掃除が行き届いていたり、ラグジュアリーな店内だとそれだけで「ステキ！」が生まれます。品質の高さがパッと分かるメニューの見栄えも重要です。オシャレな器やオシャレな盛り付けなどですね。

●お店・商品×オリジナリティ

お店独自のディィスプレイや置物があると「ステキ！」につながります。店頭に大きなゾウの像が置いてあったりとかですね。商品の見た目にオリジナリティがあるのもいいですね。珍しい色合いや珍しいカタチだと。

2：スゴイ

必須項目です。すごい仕事っぷりのことです。とことん商品にこだわって制作していることや、すごい技術を持っていること、そのこだわりの理由が伝わると、お客さまはより感情移入してくれます。また、これまでの経験値や日々の頑張りを伝えることも「スゴイ！」につながります。前章でやった「ここまでやるか品質」が伝わるとGOOD。

3：スバラシイ

必須です。目標や夢、理念、志など。あなたが仕事をしている理由です。あなたがお店を経営している理由です。どうしてその仕事を選んだのか、どうして続けているのか、何を成し遂げたいのかなど理由があることでしょう。お客さまがそれに共感をしてくれることが大事です。

この点がハッキリとしていないと、お客さまは何に対して応援すればいいのか分かりません。応援とは、相手が何か成し遂げたいことを後押しするための行動ですから。素晴らしい目標や志なしに応援はできません。

だから、「スバラシイ!」と共感できない目標や夢を掲げても応援はされません。「お金持ちになってフェラーリに乗りたくてこのお店を始めました。だから、ウチのお店にたくさんお金使ってください。ぼくにお金ください」なんて…応援しがたいですよね。社会のため、誰かのため、役に立つために頑張っていること、「スバラシイ!」と共感できる目標や志があると応援も進みます。「小悪魔の9テーマ」とも重なりますが、その目標がリスクを伴うものだったらさらに応援する理由が生まれます。

4：スキ

最終的にはこの要素がファンを生み出します。「スキ=好き」は親近感や共感から生まれます。ここまでの3要素「ステキ」「スゴイ」「スバラシイ」を発信することですごく立派な人に見られることができます。でも、この3要素だけだと、距離が遠いんです。「遠くのすごい人」

では尊敬はするけどファンになって応援とはなりにくい（有名人ならまだしも小さなお店や会社では難しい）。

親近感を持ってもらって「好き！」と感情移入もしてもらえると応援もしてもらえます。親近感を持ってもらうには「人がら情報」が大事です。「好き」を生む「人がら情報」にはプラス面とマイナス面があります。どちらかというとマイナス面の方が大事ですが、まずはプラス面から解説します。

「親近感」は、スタッフの身近なエピソードや、お客さまとの共通点（趣味や出身地など）が見つかることで得られます。

私の話なんですが、小さい頃から丸坊主でした。北海道に住んでいた時期もあるのですが、真冬でも5分刈りくらいの丸坊主で友達からよく頭を触られていました。気持ちいいんでしょうね。大人になった今は二人の息子がいまして、坊主刈りをオススメするのですが、毎回「やだ」って一瞬で却下されます。「父の威厳」って、売ってるお店はないでしょうか？

こんな風に自分の「小さい頃のエピソード」や「家族のエピソード」も親近感を持たれやすいです（これ不思議なんですが、子どもの話題をするとなぜだかいいパパに見えちゃうんですよ。不思議でしょう？マジックです）。また、趣味や休日の過ごし方も「人がらエピソード」になります。

そして、大事なのがもう1つのマイナス面です。
マイナスというか「弱点」面です。

また私の話ですが、ジェットコースターが苦手なんです。初めにカタカタカタ…と斜面を登っていく時が怖くて仕方がありません。金具が外れて逆走したらどうしようって…心配になりません？あと注射が苦手。針を刺している時に看護師さんが転んだら、針が体の中に埋め込まれちゃう…怖い怖い怖い…息子たちには笑われます。（あれ、共感されてない？）

人には弱点があります。完ぺきな人はいません。
弱点を隠して完ぺきに見せようとすると応援のしがいがわきません。弱点のない人は応援しがいがないのです。失敗エピソードや苦手なこと、あとは目標に向かっているけど課題にぶつかっていたり、リスクのあるチャレンジに立ち向かっていたりすることもここにあたります。

「**ファンの居場所**」の話をしましょう。

何かを成し遂げるのを応援してくれるのがファンです。

だから、あなたは完ぺきじゃない方がいい。弱点やスキがあった方がいい。そこを埋めて後押しするのがファンの役割であり居場所になります。**あなたが完ぺきすぎると応援のしどころがないんです。**応援したくても応援する場所がない。「ファンの居場所」がないんです。スキや弱点は隠さず見せる。実は大事なことですよ。

応援してくれるファンを着実に増やしていくにあたって、実はこの「オスシ」を発信するだけでは弱いのです。これだけをやっていてもファンは増えづらい。さらに、次の「**こういの返報性**」を実施することでより促進されます。

■応援が返ってくる！「こういの返報性」の法則

「お客さまをファンにするオスシ（ステキ・スゴイ・スバラシイ・スキ）」は発信する情報でした。さらに、行動を加えるとよりお客さまとの関係は強度が増して応援してくれるファンに近づきます。

ここで紹介したいのが、豊橋モデルです。お互いがお互いを応援し合う関係になっている場があります。愛知県の豊橋市の商売人さんのコミュニティがすごいんです。信頼関係のある仲間同士で、お互いのお店や会社、キャンペーンなどをＳＮＳでたびたび応援し合っています（宣伝ではなく、自然な応援）。

誰かがキャンペーンを始めたら「○○さんがこんなキャンペーンを始めました。オモシロそう！」などとＦａｃｅｂｏｏｋやＴｗｉｔｔｅｒを通してシェアをしたり、実際に来店をしたら「やっぱりこのお店素敵だった」とシェアをします。応援し合う関係でお互いを高めているんです。

素敵だなって思うのは、「自分が応援されたい（見返りを期待して）から、応援する」のではないということです。シンプルに好きなお店だから頑張ってほしいし、そのお店を利用した方はハッピーになれると信じているから純粋に応援をしているんです（私にはそう見えます）。

それがすごいなと思っています。それがお互いに高め合っているんじゃないかなと。応援をして紹介をしてもらうのだから、その期待に応えるお店や会社であろうとそういう意識もどこかで働いているんじゃないかと思うんです。すごく素敵な関係です。中心人物は豊橋の看板屋さん・市橋求さんです。「豊橋　売れる看板屋」で検索するとすぐ出てくると思います。気になったら覗いてみてくださいね（すごい方です）。

お互いがお互いをリスペクトしていて、絆を深めて応援し合う関係。私は「豊橋モデル」と勝手に呼んでいます。これからの商売のあり方の見本じゃないかと思うほどなんです。豊橋モデルを詳しくした本が出たら、私はぜったいに買う！

そうそう、話を戻します。

ファンとはどんな人でしょうか？お店のことを好きでいてくれて、応援をしてくれる人ではないでしょうか？そんなファンの方を増やすために、まず、１つ大事な法則があります。

「こういの返報性」です。

「返報性」というのは、何かをしてもらうとお返しをしたくなる心理のことです。「借りは返したい」というものです。これを「こういの返報性」として、「こうい」を2つの意味合いで捉えると、ファンづくりの活動にとても役立ちます。

●好意の返報性

まずは「好意の返報性」です。**「こうい」を「好意」と捉えたもの**です。

カンタンに言うと、好きになってくれた人のことを好きになる心理です。逆に感じが悪くて自分のことを嫌っていそうな人のことはこちらも嫌いになりがちということ。例外はあれど「好意」は送られると返しちゃうものです。

あなたが、お客さまのことが好きで「幸せになってほしい・楽しんでほしい」と好意を持って接すれば、お客さまから「お店がうまくいってほしい」という「好意」が返ってきやすいです。

逆に、あなたがお店のことばかりを考えて「どうにかして客単価を上げよう」とか「このお客さんから取れるだけ注文を取ろう」とか「集客してやろう」とか思ってお客さまに接すれば、お客さまも自分のことを考えます。「このお店に行くと損をさせられる感じがする」「なんだかお客さんのことを考えてくれない」「奪われる感じがする」と。まずはお客さまが楽しんでくれることを願って接することができるか。それが出発点です。「**私のこと、ここまで考えてくれるなんて**」**って感じたら好きになっちゃいます**もん。

ただしご注意を。お客さまにヘコヘコしなさいという意味ではありません。自分のお店の志やこだわり（スバラシイ）は持ちながら、それを支持してくれるお客さまに楽しんでいただくことですよ。こだわりのないお店に対して、お客さまはファンになってくれません。

また、上下関係があるとファンという関係性ではなくなります。サービスの提供者と受ける側という立場の違いはあれど、上下ではなく対等な関係性がファンを生みやすくします。

●行為の返報性

続いて「行為」です。**「こうい」を「行為」と捉えたもの。**今回のメインテーマです。

ひと言で言うと「好きを態度で示す」ってことなんですけど、もう少し具体的に解説します。

1：業務以外のコミュニケーションを取る
2：相手を応援する
3：応援してもらう

この3つの行為・取り組みを実践していきましょう。

1：業務以外のコミュニケーションを取る

ファンは「人と人との関係」ですから、お客さまがお店や店長、スタッフに対して「感情移入」する回数が多かったり、深かったりすることが大事です。

まず、カンタンなのは「業務以外の会話」をすることです。業務とは、注文を伺ったり、商品やサービスを提供したりと業務上必要なコミュニケーションのことです。それ以外の会話をしてみるのです。

ちょっとしたきっかけから、お客さまがスタッフの出身地について質問をしてくれて、趣味が共通していたりしたら盛り上がりませんか？ そういう会話ができると、心がグッと近づきます。業務上の会話をしているだけでは、心は近づきづらいんです。

また、お客さまが来店していない時にもコミュニケーションが取れるとなおいいです。例えば、FacebookやTwitter、InstagramなどのSNSでお客さまと直接つながっていたら、日々コミュニケーションが可能になります。そこでは業務上のことではなく、「人がら」が現れたコミュニケーションになるはずなので、より心が近づきます。

2：相手を応援する

次に、相手を応援しましょう！「**こういの返報性**」です。相手を応援すれば、応援が返ってきやすいです（とは言っても、見返りを求める人はイヤだ！）。

一番カンタンなのは「頑張ってください！」と言えるチャンスを見つけて伝えることです。人は具体的な行動がなくとも、「頑張ってください」と声をかけてもらえるだけでもうれしいものです。業務以外の会話で、少し踏み込めているとチャンスを見つけやすいですね。お客さまが大事な商談前だと分かったり、趣味のスポーツで大会前だと分かったりすれば「頑張ってください」と言いやすいでしょう。

また、会話の中でお客さまがほしがっている情報を知ることができたら、それを調べてお伝えするのも応援の仕方の1つです。その情報について詳しい人を知っていて紹介まですることができれば、かなりの応援です。SNSでつながっている場合は、お客さまの投稿に対して「いいね！」ボタンを押したり、コメントしたりすることも小さな応援になりますよ。だって投稿者は「いいね！」してもらえるとうれしいものですから。

そうそう、多数の方に向けてまとめてメッセージを送るのと、一人ずつ名前を呼びかけながらメッセージをするのとでは全く印象が違いますよ！私が尊敬するすごい経営者は必ず一人ずつしてくれます。

この対象はお客さまだけではありません。近くの商売人仲間も大事な大事な存在です。SNSで近くのお店や会社の方とつながっている方も多いでしょう。仲間が始めたキャンペーンを応援シェアしたり、そのキャンペーンがぴったり合いそうな方に紹介してみたりしましょう（心から応援できる場合に限りですよ）。

当たり前のことですけど、応援してもらったら「感謝」を伝えるのを忘れないことです。応援してくれた相手に対して感謝の気持ちを伝える。誰だって、応援しっぱなしよりも何かが返ってきた方が「応援のしがい」がありますからね。

3：応援してもらう

ビジネス書の名著「影響力の武器」という本の中に「コミットメントと一貫性」という章があります。「私は●●です」と立場を公言すると、その立場を取り続けるというものです。応援する行為にもその原理が働きます。

「あなたを応援してますよ」とひとたび宣言すると、特別なことが起きない限りはそのスタンスで行動をしてくれやすいということです。ということは、お客さまから一度「応援してるよ」と言っていただければ、そのスタンスはそうそう変わらないということです（連絡が途絶えると薄まりますけどね）。

だから、応援すると合わせて「一度、応援してもらう」ことも大事です。

そのために大事なのが「応援しやすいきっかけ」です。

盲点かもしれません。信頼関係があって応援したいなと思っている相手でも、何もきっかけがなければ応援はなかなかしないものです。だって何を応援すればいいか分からないから…。きっかけがあった方が応援はしやすいです。

お客さまとして来店してくれた時というのは、分かりやすいきっかけですね。

また、他にもキャンペーンを始めるというのもきっかけになります。

仲間がステキなキャンペーンを始めたら、誰かに教えたくなりませんか？お客さまにとってうれしいキャンペーンだったら教えたくなるでしょう。自分のお店の売上だけのためのキャンペーンだったら応援はしづらいかもしれませんね。

ファンは狙って作るものではないかもしれません。

でも、ポイントを押さえておくことで、着実に増えるスピードが上がります。私の知っている商売人さんでファンを着実に増やしている人は、このようなことをやっています。ぜひ、行動を起こしてくださいね。

第6章

捨てないグッズ！
クチコミ！
今日限りにならない
テクニック

■販促物は捨てられたらおしまいだ

写真1は私自身数年ぶりに再会した販促グッズです。確かに私が作成したものですが、私自身も覚えていないくらいのものでした。今やイベント用のおみくじ風販促グッズ制作は弊社の主力商品ですが、こちらは5～6年くらい前に試しに作ってビジネスイベントに持参したものです。その時に進行役をされていた問題解決コンサルタントの大谷更生さんが持っていてくれたのです（名刺入れに入れていてくれたようです。私もびっくり！とってもとってもうれしかったです）。

あなたは現在、どんな販促物を使用していますか？

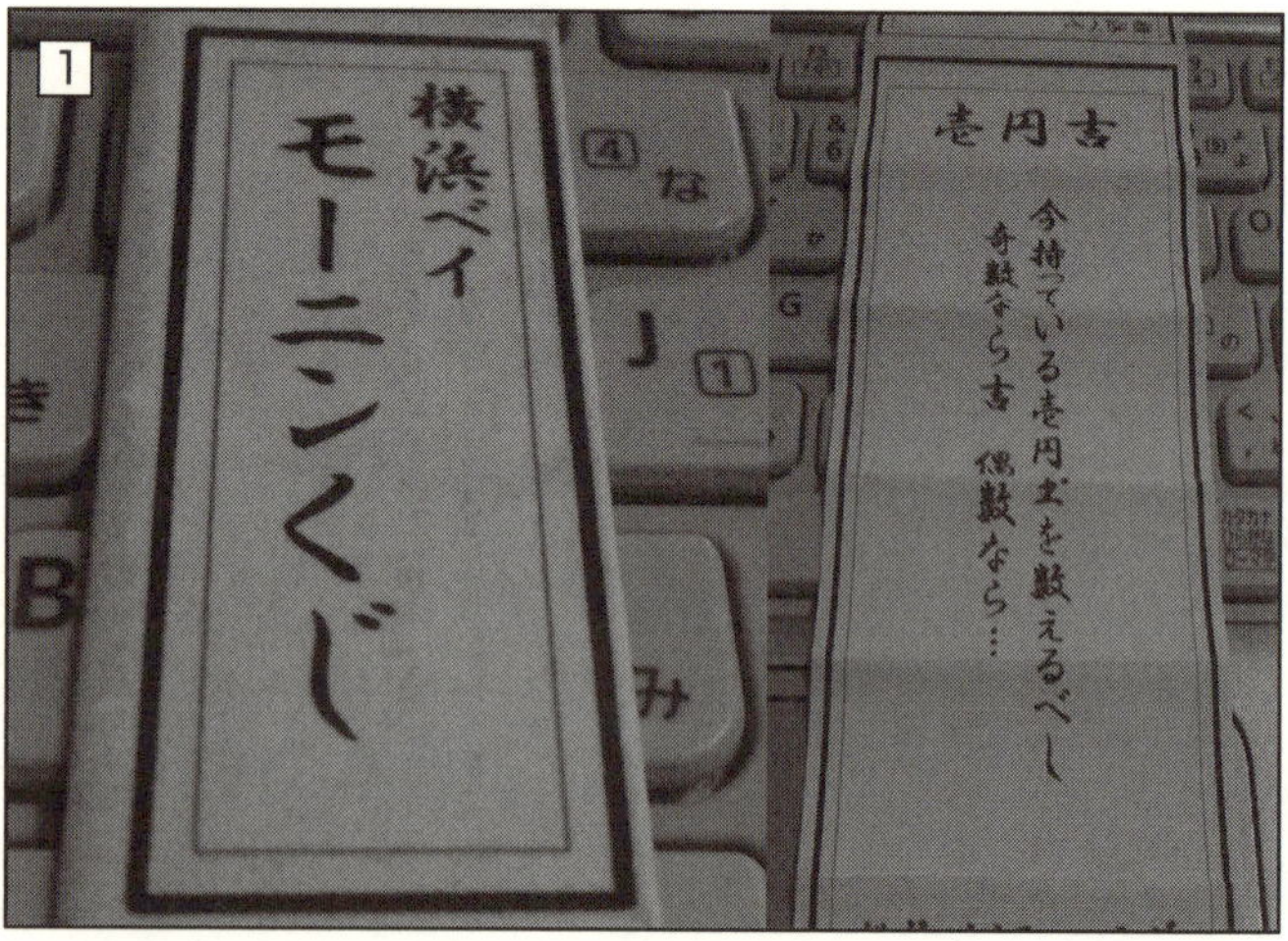

WEB系ではなく、お客さまにお渡しするアナロググッズで。

・チラシ
・リーフレット
・スタンプカード
・ショップカード
・名刺
・クーポン券
・ニュースレター
・かわら版
・DM
・お礼状

このあたりが多いでしょうか?どれも何らかの目的があって渡しているものだと思います。

でも、その目的を阻む大敵はきっと共通しています。

それは…

ポイ捨て。

チラシを渡してもほとんど見られずにゴミ箱に捨てられたり、スタンプカードやショップカードを渡しても大量のカード類に挟まれた挙句、二度とじっくりと見られることなくゴミ箱行き。そんなことが多々起きているでしょう。チラシくんたち、かわいそう。

販促物はお客さまに読まれてこそ、手元に残っていてこそ「価値」が生まれます。すぐにゴミ箱に捨てられてしまったら、販促物の効果はゼロ。効果はゼロ。効果はゼロです。

少しでもお客さまの手元に残っていた方がいいですよね？少しでもお客さまの手元で存在感を放ってくれた方がうれしいですよね？効果が持続しますから。

お客さまの手元に残してもらうにはちょっとしたコツがあります。ちょっとしたことなのに手を打っているお店は意外なほど少ないのです。このコツを使えば周りのお店の1歩先に行けるかもしれませんよ。ぜひ、すぐに実践してくださいね。今回は次の5つの切り口で「**捨てられづらくするテクニック**」をご紹介します。

1：だいじにする

人は「**相手がだいじに扱っていたものは自分もだいじに扱いやすい**」という性質があります。この性質を利用すると、お客さまに渡した販促物も「だいじ」にしてもらえる可能性が高まります。

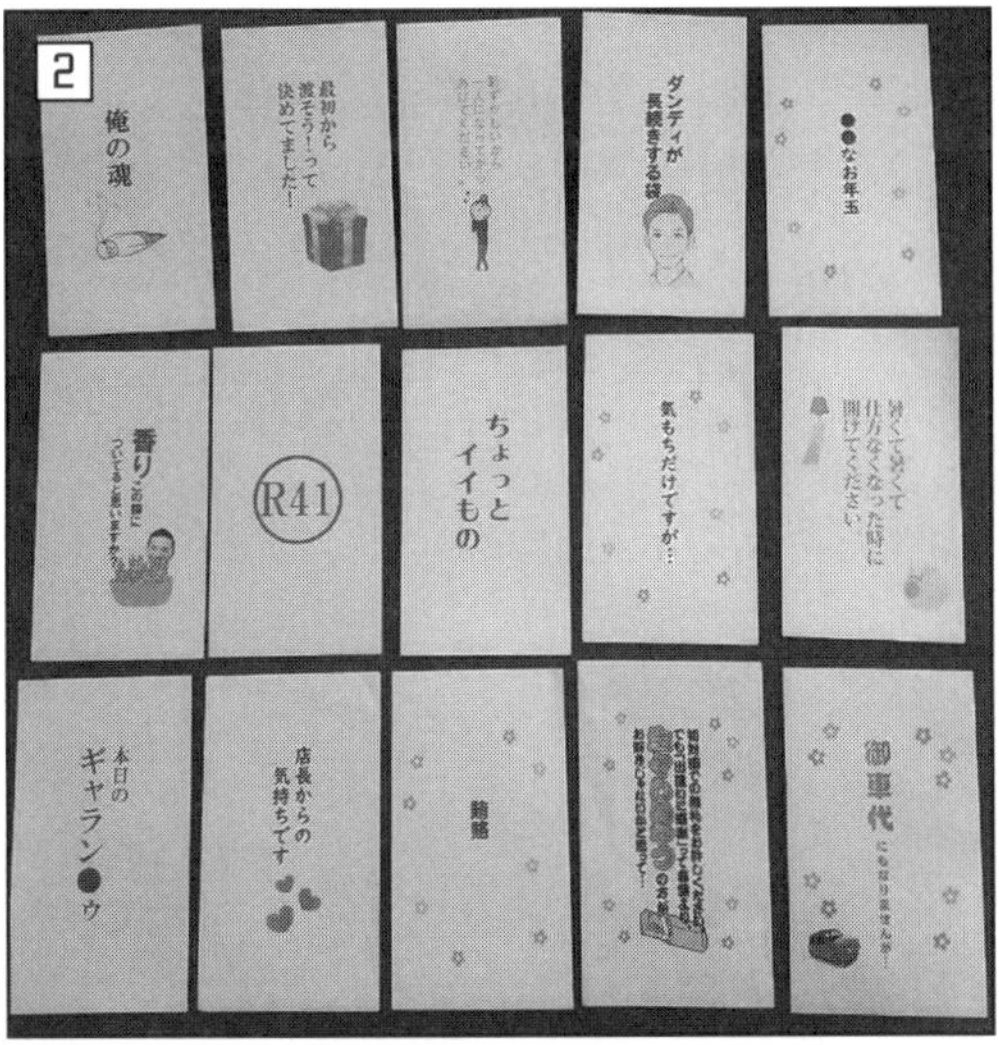

例えば、小さめのカードをお渡しする時に「ポチ袋」に入れてみましょう。

「袋に入っている」というのは、それだけで「だいじに扱われている証拠」になります。

ポチ袋は無地のものが100円ショップで売られています。パワーポイントやワードでシンプルにデザインをして家庭用のプリンターでサイズを合わせて印刷します。これだけでオリジナルポチ袋が完成します。カンタンでしょう？1部あたり4円程度です。安いでしょう？せっかくなので、私が普段使用しているポチ袋の表紙集をお見せしますね（写真2）。

これらのアイデア、パクっていただいてOKです！表面の文面次第でお客さまのワクワク度は変わります。工夫のしどころなんです（個人的にはポチ袋販促をもっと広めていきたいと思っています）。

他にも、「だいじ」にしていることを演出するために、販促物を重箱に入れて、その都度開いて提供するとか、お客さまの目の前で丁寧に1枚ずつ3つ折りにするとかも考えられます。ほら、カンタンでしょう？まずは我われが大事にするんです。我われが大事にしていない販促物をお客さまに大事にしろなんて横暴ですよ。

2：あなたのために

「お客さまのために」と、ひと言だけメッセージを書き加えて販促物を渡す。それだけです。人は「**自分のためにしてもらったものは、だいじにしやすい**」ものですから。年賀状も印刷された活字部分よりも、手書きのメッセージの方を読んでしまうでしょう？そういうことです。

これは名刺交換の時やお礼状のハガキをお送りする時に有効な作戦なのですが、販促物を渡す時にも十分使えます。チラシの上部に「●●さんへ」とか、「●●さんにおすすめ」と書いてメニューに矢印を伸ばしておくのもGOODです。そんなことをされたチラシは無下にできませんでしょう？

3：普通でないカタチ

こちらの切り口は今回ご紹介する中では少しハードルが高いかもしれません。他のお店では渡されないようなカタチや見た目の販促物をお渡しします。例えば、こちらは紙幣のようなデザインの販促グッズです（写真3）。

ネットのクラウドサービスでデザインを依頼してから家庭用プリンターで半紙に印刷して裏表をノリで貼り合わせました（制作費は2000円ほど。リーズナブルでしょ？半紙なので手触りに味わいが出せました。手触りの工夫も実は印象づけられるポイントで

3

す）。肖像画の部分には店長の顔を掲載します（この写真は私ですけど）。

また、カタチを変えるという意味で、ステーキ店であればステーキや牛のカタチをしたカードやチケットなどもいいですね。制作に多少お金はかかってしまいますが、手にしたお客さまは他の販促物とは違う存在感を感じてくれるはずです。

この切り口はうまく企画できると、「**人に見せたくなるグッズ**」にもなりえます。クチコミを起こすことも可能です。ぜひ、アイデアを練ってみてくださいね。

4：ご利益もの風

先ほどのおみくじ風の販促グッズはこの例になります。おみくじのカタチをした販促グッズを制作してお客さまに引いていただきます。すると長らく手元に残しておいてくれることがあります（私自身も数年間も持っていてくれたのには驚きました！）。

おみくじ風のグッズは、販促物とはいえ「**ご利益もの**」に見えてしまうのです。例え祈祷などしていないものでも「**捨てづらいグッズ**」になります。ちなみに、おみくじ風の販促グッズは、文面を読まれる確率が高いので、そこにお店のこだわりなどを記載しておくと伝えられるチャンスが高まります。これも「捨てづらい」とは別のすごいポイントなんです。最終章で詳しく解説させてください。

また、本当にご利益ものの販促グッズにするために、販促物を大量に印刷した後に、神社に持っていき祈祷してもらうのもOKです（受け付けてくれるところとそうでないところがあるようです。事前に電話で問い合わせておいた方がいいでしょう）。

5：自分ごと

最後の切り口は「自分ごと」です。目には見えないのですが、すごく効き目がありますよ。お客さまが受け取った販促物を「自分のものだ」と思ってもらえるように演出をするんです。人は「**自分で選んだもの・自分で引き当てたもの・自分の実力で勝ち取ったもの・自分しかもっていないもの**」は「**自分のものだ**」と**感じて「だいじ」にしやすくなります。**そうなるように渡し方の演出をしてみましょう。

例えば、先ほどのおみくじ風の販促グッズは、お店からお客さまに渡すのではなく、お客さま自身に1枚ずつ引いていただくものです（写真4）。この工程がとっても大事です。お客

4

さまは、お店から押しつけられたものは自分のものと思わないですが、自分自身で引いたものは「自分のもの」だと思えますから。同様に次回に使えるクーポン券をお渡しする際も、1種類を全員にお渡しするよりも、2~3種類用意しておいて1つ選んでもらった方が効果は高まるでしょう。

カンタンでしょう?

ちょっとした工夫で、販促物の立ち位置は変わります。捨てずに存在感を保つチャンスを生み出せます。

販促物は捨てられてしまうとその時点で効果はほぼゼロになります。何とかして手元に残しておいてほしい。工夫しましょうね。

■SNS販促を攻略!写真を撮られる8法則

ここ数年間で一番様変わりした販促のパターンがこちらでしょう。SNSを介してのクチコミ販促です。お客さまが自分のスマホで店内や商品の写真を撮り、それをSNSに投稿する。その結果、お店が広告宣伝しなくても、情報が広がっていく。これが当たり前になりました。うまく「しかけ」を作れば、宣伝広告費を抑えてたくさんの方に知っていただくことができるようになりました。この状況、どう捉えていますか？恐怖？チャンス？それとも…無視？

時代は逆行しませんから、この流れは続くでしょう。

これからの広告宣伝は際立ったものでないと、なかなか見てもらえません。でも、お客さまが発信してくれたらどんどん広がっていく。そういう状況です。

ここではSNSを介して新しい方に知っていただくことを狙って「写真を撮られやすいポイント」をまとめておきますね。待っていてはダメ。「撮ってくれたらいいなー」ではなく「写真を撮りたくなる何か」を用意しておく。そして、お客さまに写真を撮ってもらいSNSに投稿をしてもらう時に、大事な大事なポイントが1つあります。それは「写真と撮りたくなるようにする」ではありません。

「**写真を投稿したら、リアクションが見込める**」ことです。

これがとっても大事（時代が変わるとこのポイントも変わるかもしれません）。

1：サイズ変更の法則
2：似せるの法則
3：いつもと違うの法則
4：動く！動く！動く！の法則
5：写真スポットの法則
6：撮影グッズの法則
7：見せるグッズの法則
8：判定グッズの法則

1：サイズ変更の法則

通常の5倍くらいものボリュームがあるチョコレートパフェ、バケツ一杯分くらいあるんじゃないかというくらい巨大なかき氷など、巨大なものは目を惹きます。通常のものとサイズを変えるとインパクトが生まれます。SNSに投稿すれば「大きいね！」とリアクションも得られやすいでしょう。サイズを通常と比べてひと目で「巨大だ」と分かるくらいに大きくするのが1つの方法です。また、逆に小さくミニチュアサイズにするのも可愛らしいですね。

サイズを変えるのは、**お客さまの頭の中に「通常サイズ」のイメージがあるもの**の方が活きます。ＳＮＳ投稿を見た人も「大きいね！」「小さくてかわいいね」とリアクションがしやすいですから。

仮にサイズが特徴的だとしても、お店のオリジナル品で誰も見たことがない場合はリアクションがしづらいことがあります。一般的な通常サイズがイメージできるメニューの方が「サイズ変更の法則」はやりやすいです。

2：似せるの法則

動物のカタチをしたクッキーや、イラストが描かれたカフェラテ、ご当地もののカタチをしたパンなど、**何かに似せたものも写真を撮りやすい対象になります。**サラダの中に、動物のカタチにくりぬいた野菜が隠れていたらどうでしょう？発見のうれしさも追加されて投稿してくれそうでしょう？メニュー全体でもいいし、一部でもいいです。何かに似せてみてください。

綺麗な模様もいいですが、動物など「顔」があるものに似せるといいようです。顔がついていると「似てるね」とか「かわいい！」というリアクションが取りやすい。また、ご当地ものだったらカタチだけでハッキリと場所が分かる存在を。例えば、北海道のカタチのお皿などはリアクションを取りやすい。リアクションを取りやすそうなカタチに似せることを考えましょう。

3：いつもと違うの法則
いつも見ている商品とちょっとカタチが違うと気になるものです。お店の事例ではないのですが、お笑い芸人ニュークレープのナターシャさん（浅井企画所属）がTwitterに投稿した刺身パフェです（写真5）。

お刺身をパフェにするってめちゃくちゃ面白いですよね。普通お刺身はお皿に盛り付けられるものです。お皿のカタチはいろいろあれど、パフェになることはなかなかない。

だから、刺身パフェはインパクトがあります。いつもとは違うカタチだからです。

いつもと違うカタチ・他の一般的なお店とは違うカタチで整えてみてはどうでしょう？面白がってＳＮＳ投稿してくれるお客さまも多いでしょう。リアクションも見込めますよね。

※ただ、料理の場合はカタチによって味に影響が出ることもあるでしょうから、プロとして納得できる範囲内でやってくださいね。

そう言えば、ある施術サロンさんへの販促アイデアで、術後にチョコレートや大福をプレゼントしてはどうでしょう？と提案したことがあります。単純にプレゼントするのではなくて宝石箱に入れてです。そういう箱に入っていたら写真も撮りやすくなるかなと思うんですよね。やってくれたかなぁ…（このアイデアもいいでしょう？）。

4：動く！動く！動く！法則

アクションをすることで何かが起こる。または時間が経つことで何かが起こるとそれを写真に撮りたくなります。例えば、テーブルまで蓋を被せられてきたメニューで、お客さまの前で蓋を開けた瞬間にものすごい量の湯気が舞い上がったり、新鮮なお刺身にお酒をたらすとビクビクっと動いたり。**大きなインパクトのある動きはその瞬間を逃したくなくなります。**写真にとどまらず動画を撮るお客さまも増えます。

5：写真スポットの法則

「ここは写真を撮る場所・場面だ」と思うと撮りやすいものです。観光地やテーマパークに行くと「フォトスポット」と書かれた看板が設置されています。大きなパネル看板があってキャラクターの顔だけが抜かれているものがあるでしょう。お客さまが顔を当てはめて写真を撮るためのスポットになっています。また、観光地では多くのお客さまが、みな同じ場所で同じ風景を写真に収めます。**「ここは写真を撮る場所だ」という認識があるから**です。店内に置物として特別大きな動物の像を設置したり、お客さま自身が座って撮れるすごくゴージャスなイスを1つだけ設置したり、表彰台のようなものを設置したりとか。アイデアはいろいろです。「ここは写真を撮る場所だ」と思っていただけるような体裁を整えましょう。

そう言えば、飲食店や小売店で「当店は写真OKです」とポップ表記をしているお店があります。そういうものを見かけると「このお店は写真を撮る人が多いんだな」と想像ができます。写真を撮るかどうか考えてもらえるだけでも大きな前進ですよ。

6：撮影グッズの法則

写真を撮るグッズがあると撮りやすいものです。例えば、口髭のついた棒や大きなサングラス、お店の名物品を摸したマスクや帽子、ちょっとしたコスプレグッズなど。プチ変装グッズですね。そういうものがあれば、お客さまも写真を撮るきっかけが生まれます。楽しみながら写真を撮ってSNSに投稿することができますね。時代性にもよります。本書の発行時点では少し遅いかも。でも、切り口は間違っていませんから時代に合わせて工夫次第です。

7：見せるグッズの法則

お客さまがお店からグッズをもらって、それを誰かに自慢して見せたくなる法則です。

見せるとリアクションが生まれるグッズがいいですね。写真6の例は私自身が時々、弊社を利用くださった方にお送りしている手紙です。ぱっと見「不幸の手紙」に見えて実は「フト幸

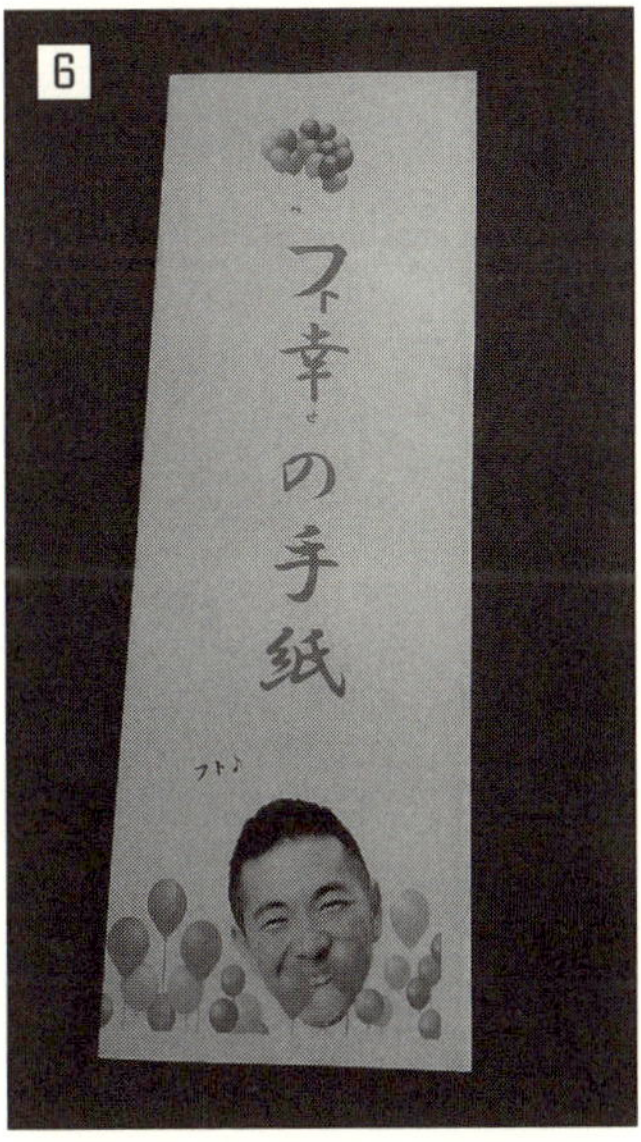

せの手紙」なんです。これをお送りすると、2〜3割の程度の割合でSNSにシェアをしていただけます（私が分かる範囲ですが）。また、「認定証」も見せたくなるグッズです。お店で利き酒やクイズにチャレンジをして、クリアした人だけがもらえるグッズは誰かに見せると「すごいね！」というリアクションが得られやすいです。「しかけ」としてはシンプルですので、ぜひ、チャレンジしてみてほしいです。

8：自分判定グッズの法則

お客さまが**自分自身のことを判定されたグッズは、誰かに見せたくなるもの**です。名前を入力して「○○タイプ」と判定するようなアプリが流行った時期がありましたが、この法則です。お客さまが体調測定をしてその結果が「●●タイプ」と表示されれば、見せたくなるグッズになる可能性があります。「●●タイプ」という判定や「●●級」というレベル別判定も人に見せてリアクションが見込みやすいグッズになります。

ここまで読んでいただき、気づいた方もいるかもしれません。

SNSでのクチコミ販促で一番大事ポイントは、

あなたの商品の品質が高いことではありません。

あなたの商品の見栄えがいいことではありません。

あなたという商売人の魂が素晴らしいことでもありません。


全部重要ではありますが、最重要ではない。

どうして最重要ではないか、分かっている人はここで明言してほしくないでしょうね。


だから、小さく書いておきますね。

SNSのクチコミ販促で一番大事なのは**お客さまが発信した時に、リアクションが得られる**ことです。

主役を間違えたらいかんということですよ。

■あなたのお店がクチコミで伝わるための型がある

先ほどの写真を撮られる法則は、SNSでの拡散を狙ってのものでした。

さらに、ここではSNSではなくリアルの場面で伝わっていく「クチコミのしかけ」について紹介をいたします。クチコミに関するノウハウは、私の著書「お客さまがお店のことを話したくなる！クチコミ販促35のスイッチ（同文舘出版）」にたっぷりと記載しましたのでそちらも読んでいただけるとうれしいです。ここでは「人が自動的に動くしかけ」的にクチコミが起きるパターンとして4つの型を紹介しますね。前著が出版された後に実践してきた事例ですので大きくは重複していません（**…ん？クチコミ販促35のスイッチ本も買ってほしいなー♥ってことです**）。

1：見せたくなるグッズ型
2：おすそ分け型
3：ほしがるグッズ型
4：見せたくなる商品型

この4つです。

1：見せたくなるグッズ型

子ども整備士免許3級。

こちらは埼玉県の自動車整備工場田中モータースさんで実施したイベントの際に、参加したお子さんに渡したグッズです。お子さんがプロの整備士と一緒に車の整備を体験するイベント。車好きのお子さんにはたまらないイベントですよね。楽しい！満足してもらえる！でも、そういう気持ちって、すぐに忘れられます。

だから、残るものをお渡ししました。手作りの「オリジナル免許証」です。参加してくれたお子さんの名前を書いてプレゼント。そうするとですね…会社側にもうれしいことが起きたのです（狙っているんですよ。うまくいきました）。

この免許を手にしたお子さんは「しゃべれる言葉」が変わります。体験した時点では「ぼく、車のタイヤ交換したんだよ」というような体験談だったでしょう。でも、この免許をお渡しすることでこの言葉が変わるんです。「ぼく、子ども整備士になったよ」って。幼稚園のお子さんがそのように動いてくれました。お友達に自慢をしてくれたのです。そして、お母さんにも話してくれて、そのうち何組かが田中モータースさんに「うちの子も…」と問い合わせてくれました。

「見せたくなるグッズ」をお渡しすることで、クチコミが起きたんです。

見せたら「すごいね！」と言われるようなグッズです。免許証パターンの他にも、クイズやイベントにチャレンジして達成した方にお渡しする「認定証」も同じような現象を起こしやすいです。利き酒チャレンジ・利き素材チャレンジ・握力チャレンジ・けん玉チャレンジ・お店の専門的知識クイズ・重さ当てチャレンジなど。考えればいろいろとあります。**誰にでもお渡しするのではなく、特別なお客さまだけにお渡しするからこそ、こういうグッズは「誰かに見せる価値」が生まれます。**誰でももらえるものには「すごい」とリアクションしづらいですから。

お客さまによって、こういうものが好きな方もいればそうでもない方もいます。全員にうまいことといく必要なんてありません。一緒に楽しんでいただける方と楽しめる企画にしたいですね。

2：おすそ分け型

一番シンプルで、それなりに成果を出しやすい「クチコミのしかけ」です。

お客さまが知人に「おすそ分け」をできるような状況にします。この原稿を書いている時期に、私の事務所に白桃が届きました。「1年で1週間しか採れない」と事前に聞いていたものでとってもうれしかったです。ただ…ひと箱に10個以上入っていたので、我が家だけでは消化し切れません。お打ち合わせ先にもおすそ分けをしました。もちろん「1年に1週間」というフレーズも加えながら。これもクチコミのパターンです。

一人では消化できない量を差し上げると、おすそ分けが始まります。

この型は実は結構カンタンに始められます。来店くださったお客さまに、次回使えるサービス券をお渡しする際に1枚でなく10枚くらい差し上げてしまうのです。バラバラだとお客さまが持ちづらいですからポチ袋などに入れてお渡しする。するとお客さまが会社に戻ったり友達と会った時におすそ分けをするということが起きます。

ただし、「誰でももらえるもの」よりも「限られた人が手に入れられる」方が効果が高かったですね。私もお客さまと一緒にこのおすそ分けの「しかけ」を何度かやっていますが、「特別な契約をしてくれた方」や「特別な期間に来店くださった方」だけにお渡しした方が紹介による新規来店は多かったです（お渡ししたお客さまに対して8〜10％の新規来店がありました。クチコミ紹介が起きていたんです。悪くない数字でしょう？）。

3：ほしがるグッズ型

たった2日間で、見込み客が20社以上生まれたクチコミ例です。

我われが伝えたいことはいったん我慢するんです。その方がうまくいきます。

新宿にあるポスティング専門会社トーカンエクスプレスさんは、自社の販促用に冊子を作りました（写真7）。販促用の冊子とはいっても自社のいいところやウリ・強みをまとめたものではありません。ポスティングのノウハウを24点まとめた冊子です。ポスティングに向く業種とか、チラシを配布する曜日とかです。お店の経営者さんの中には、自分やスタッフさんで近隣にチラシをポスティングしたことがある方も多いでしょう。でも、不安も多い。正解が分からないからです。そういう方向けに役立つポスティングノウハウ冊子です。最終ページに会社の広告もありますが、ほとんどがノウハウやコツです。

この冊子ができた時にトーカンエクスプレスの川原社長から打診されました。「この冊子をFacebookとかで紹介してくれないか」と。大歓迎でした。さっそく私はこの冊子をFacebookで紹介、そして、「ほしい方は無料で送ってくれるそうなのでコメントかメッ

セージ下さい」としたら、2日間で20社（店）以上の方からコメントとメッセージが入りました（最終的には30社以上になったはず）。一人ずつご紹介をして冊子の手配をしてもらいました。

何が起きているか。

トーカンエクスプレスさんにとっては「見込み客」が生まれています。ポスティングに興味のある方が自らほしがってくれたのです。すぐに発注とならなくても、長い目で見て効果が出てくるはずのクチコミ販促になっています。と言いながらも数社の方がすぐに依頼をしたというのは聞いています。

どうしてこういうことが起きているかが大事ですね。それは「**ほしがるグッズ**」だからです。**見込み客の方にとっても価値があるもの。ほしいグッズです。**もし、これが広告チラシだったら、同じような結果にはなっていないでしょう。そもそも広告チラシだったら私も紹介していないと思います。

お店や会社が伝えたいことを伝えるのではなく、お客さまがほしがるものをまとめて提供する。だから、協力者（今回は私）は喜んで協力するし、ほしがる人（見込み客）が現れるのです。

あなたのご商売絡みで、お客さまがほしがる何か。

考えてみてくださいね。考えて得はあっても損はしません。

4：見せたくなる商品型

こちらからお願いをしなくてもお客さまは誰かに見せてくれるし、こちらが「しかけ」をしなくてもお客さまが自らの意志で誰かに見せてくれる。商品自体がそういう仕組みになっているものがあります。

そんな商品があればありがたいですよね。

こちらは私が企画制作しているもので「かちストン動画」と呼んでいるものです（写真8）。固定カメラで撮影して、早回しにしてチャカチャカと動くもの。その

動画の中でお店のこだわりを表現したり、もっと見たくなる広告を構成しています。この動画制作、実はクチコミ紹介によって依頼が増えました。

だって、この商品は「誰かに見てもらう」ことを目的にした商品なんですもの。動画が完成したら依頼してくれたお客さまは、たくさんの人に見てもらいたいものです。そのために作っているのですから。本来はお客さま向けに見てもらう動画ですが、商売人の周りには商売人がたくさんいます。SNSでシェアをしてくれたら周りの仲のいい商売人さんも見てくれるのです。そして、気になってくれた方から依頼をいただけるという状況が起きています(ちょっとだけ自慢させてください。この動画をホームページに埋め込むと成約率が上がったという方が多いんです。うれしくって。だってしっかりと「最後まで見ちゃうしかけ」や「伝わる構成」を作ってますもん☆はい、自慢おわり！)。

商品自体を「誰かに見せるもの」に設定することで、クチコミで広がります。販促企画というよりは商品づくりから入るパターンですが、動画以外でもこのような「しかけ」はあります。

横浜市のデザイン会社ライズサーチさんは、クラシックコンサートのチラシをメイン商品にしたデザイン会社です。チラシ制作を依頼する方は演奏家さんが多く、その周りにはやはり演奏家さんがたくさんいます。見込み客にも伝わっていく商品になっています。もう4500件以上の制作実績、すごい！（実は私、ライズサーチさんの「しかけ」がすごいなぁと思っていて、商品を検索していたんです）。

なかなか面白い仕組みでしょう。

うまくそういう仕組みの商品ができあがると、商品自体がクチコミ広告をしてくれますよ。

クチコミって、お店にとってやっぱりありがたいです。

お金をかけずに、広告宣伝になりますから。

お客さまにクチコミをしてほしかったら、**我われが主役になってはいけません。主役はお客さま**です。お客さまが主役になって「誰かに見せたくなる・誰かに話したくなる」ものを提供しましょう。そうして楽しんでいただけた結果、我われにも一部が戻ってきます。それで十分じゃないですか。

もし、あなたがお客さまとしてどこかのお店を利用した時に、店長からこう言われたらどうでしょう。

「ウチのお店のこと、誰かに話してくれ！」

「ウチの会社のために、クチコミしてくれ！」

普通はこう思うんじゃないでしょうか？

誰がするもんか！

おこぼれ（その3）

本書に書ききれなかった
「しかけアイデア」たちをご紹介します。
崖っぷちアイデアやボツ案も。

ボツ案。値引かないクーポン

2014年に企画して「これいいじゃん！」ってノリノリだった企画です。…もろくも散りました。乗ってくれるお店さまがほとんどいなくって…。今でもめちゃめちゃいいと思ってます。「チラシのクーポンに使ってみて、ものすごく反響が良かった」という美容室さんもいたんですよ！値引きする代わりに「スマイル」などを提供するクーポン券です。どうです？いいでしょう？

おまけの第7章

お客さまが自動的に動く！セット行動のしかけ

■とっておきのプレゼントです。ここまで読んでくださった方だけに

いよいよ最終章です。

ここまで読んでくださってありがとうございます（ホントうれしいんです。だってここまで読んでくださったということは、それなりの時間を使ってくれたということですから）。


だから、奮発します！

だから、イイモノ出します！

だから、とっておきを出します！


本書の中で、**一番の小手先テクニック**です!!（←もちろん最高にいい意味です）

「**人が3秒で自動的に動き出すしかけ**」です。

これまでもそういうテクニックを紹介してきましたが、これは分かりやすく行動してくれるもの。

「**セット行動のしかけ**」です。

1：隠すセット

「モノと行動」がセットになっているパターンがあるのです。2回目になってしまいますが、私の名刺なんてその象徴です。名刺の一部を「ふせんで隠す」と「ふせんをめくる」という行動はほぼセット化されています。さらに、「ふせんの中の文字を読む」までもセットになっているんです。ハッピーハッピーセットです♪

●隠す→めくる→中に注目する

これが「セット行動」です。「隠す」という「しかけ」をするだけで次の行動がセットになっている。すごくないですか?こういうパターンが世の中にはいくつもあります。それを紹介しますね。カタチをマネするだけで、お客さまがほぼ自動的に動いてくれるということです。すごくないですか？（私、いつも感動しているんです）

2：2つ折りセット

実はこの名刺（写真1）、他にも「セット行動」が仕込まれています。いや仕込まれているというほどの仕込みでもないんです。でも、狙ってやっていることです。

2つ折りです。

なんてことない、それだけです。2つ折りの名刺を持っている人は割といますよね。みんな意図しているか意図していないかは置いといて、実は「セット行動」を使っています。

「相手が2つ折りに気づく」と「ページをめくる」という行動が自然と起きます。普通ですよね。だって「**2つ折りの冊子はめくるもの**」だからです。そして、ページをめくると何が起きるか。「次のページの

初めの文字や画像に目が向く」のです。すごくないですか？

●2つ折り→めくる→次のページの初めの文字に目が向く（注目される）

ここまでがセットです。ハッピーハッピーセットでしょう？

こういうことが自然と起きています。これを「しかけ」だと思ってやるか、そうじゃないかは大きな違いです。分かっていれば、次のページの1文字目（1行目）あたりにさらに「しかけ」をしますもの（私はふせんを貼っています）。

2つ折りが効くのは、名刺だけじゃないですよ。本書の初めの方に「居酒屋さんで本日のおすすめメニューを2つ折りにしたら、注文率が2倍になった」という事例がありましたでしょう？これもこの「しかけ」です。既存のものを2つ折り・3つ折りにするだけでお客さまの行動が変わるということです。

もっと言うと、正式に2つ折りのグッズを作らなくてもいいです。今あるパンフレットの角っこを折り曲げるだけでも同じような効果は見込めます。

3：ポチ袋セット

本書の中には、何度もポチ袋の事例が出てきました。私ポチ袋大好きなんです。だって、「セット行動」が驚くほどうまくいくから。

ポチ袋にはどんな「セット行動」があるか。

●ポチ袋を手に取る→袋を開ける→中身を取り出す→中身を見る

ここまでがセットです。ごくごく自然の行動でしょう。すごくないですか？

「**袋は開けるもの**」だからです。開ける行動をすれば、当然のように中身を取り出すし、中身を取り出せば、当然のようにそれが何かを確認します。中身を一度じっくり見てもらうところまではほぼ確実にチャンスがもらえるんです。すごくないですか？

お渡ししてもじっくり見られずにポイ捨てされてしまう販促物は世の中にいくらでもありますから。

ポチ袋ってすごいんです。

ポチ袋の語源は「これっぽっち」らしいですが、そんなことない！私からしたら「こんなにも袋」です。すごいですもん。

4：くじセット

おみくじ風グッズ（写真2）もすごいんです！販促物としてめちゃくちゃ優秀です。

だっておみくじを引いたらどうしますか？

●くじボックスがある→1部引く→広げる→全部広げる→精読する

ここまでがセットです。んもぅ超絶ハッピーセットです！

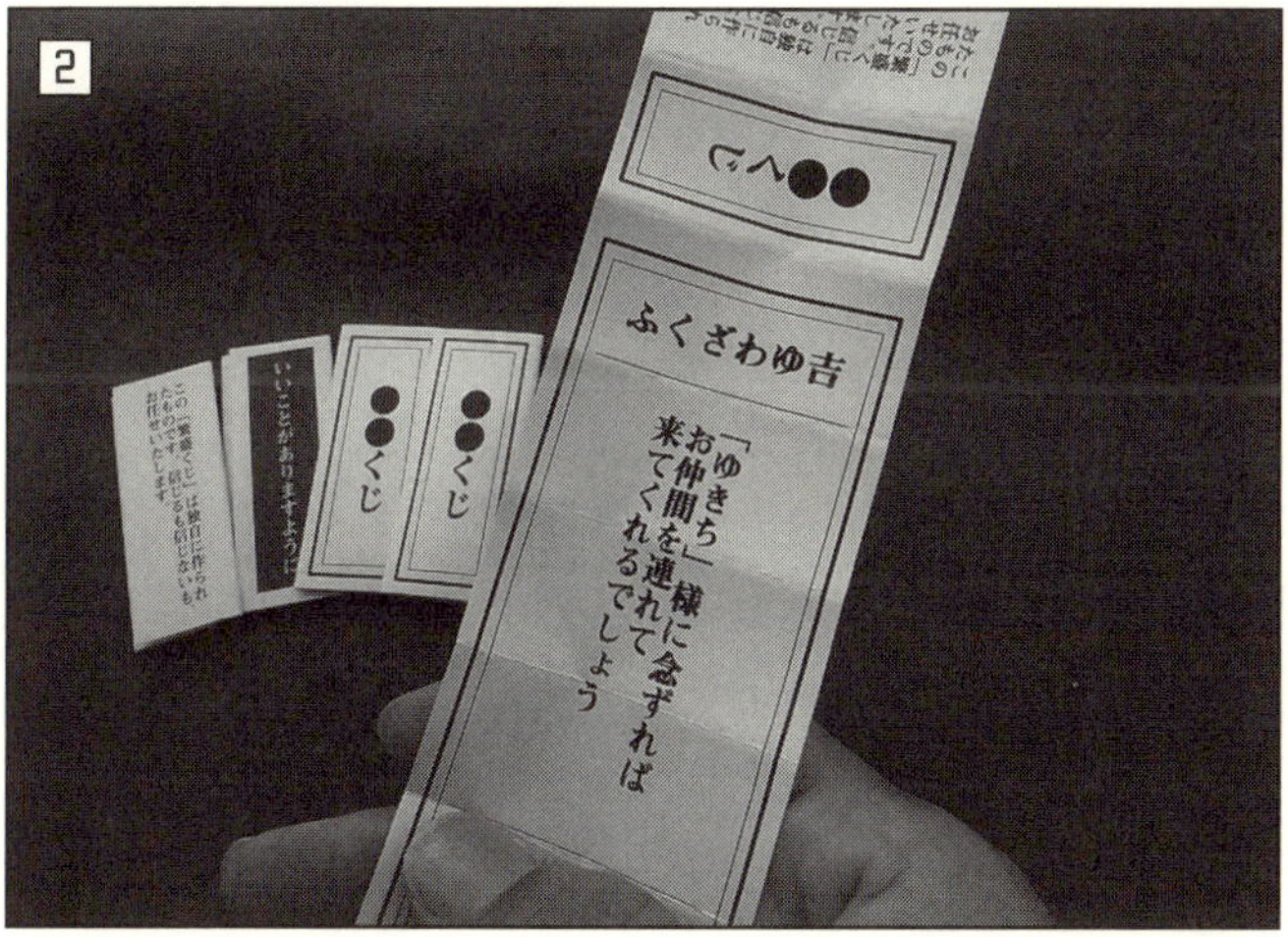

おみくじって日本人には好きな人が多いですから、こういうイベントがあれば楽しんでもらえます。引いたら広げて読んじゃいます。そして、じっくりと読んでくれる場合が多いです。どうしてじっくり読むかというと「自分ごと」だからです。「捨てづらいしかけ」でやりましたね。グループのお客さまの場合は、仲間同士で、それぞれ違う種類のくじを引いていれば、やっぱり「自分ごと」になります。読んじゃいます（くじの本文には、お店のこだわりに関する内容を盛り込むんですよ）。

販促物って、そうそうじっくり読んでもらえません。
販促物をじっくりと読んでもらえるなんて、めったにない幸せなんです。
それを結構な割合で実現してくれるのがおみくじ風グッズです。ハッピーです。神社ではありませんから、あくまでも「風」であることは分かるようにしておきましょう。

5：単語帳カードセット

こちらは私が販促セミナーなどで使用しているグッズです。こちらもいいんですよ。喜んでいただけるし、じっくりと目を通していただけます。制作料も安いし。

単語帳カード形式の販促グッズです（写真3）。

●単語帳→1枚めくる→読む→もう1枚めくる→読む→もう1枚めくる…

こんなことがセットになっているんです。「**単語カードはめくるもの**」だからです。

カードの枚数が多かったりカード1枚あたりの文章量が多いと途中で飽きてしまうかもしれませんけどね。少なくとも初めの数枚分のチャンスをもらいやすい形式です。お店のチラシも実はこんな形式にして、10枚のカードで伝える広告にしたら面白いかもしれませんよね。

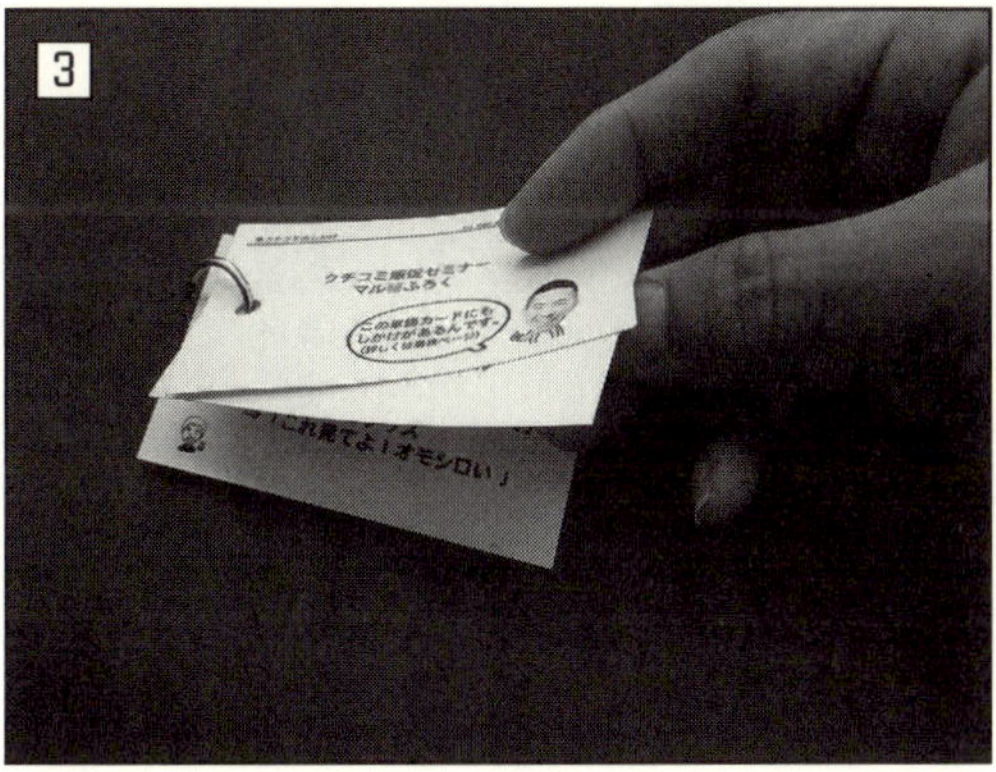

ちなみに、このグッズは100円ショップで購入したもので作っています。無地のカード

は200枚で100円だし、リングは13個で100円です（お店や商品にもよる）。穴あけパンチも100円ショップで買えます。パワーポイントで名刺サイズに設定してレイアウトして印刷して、パンチで穴をあけてリングでまとめたら完成です。私はこれをポチ袋に入れて大事にします。そんなに技術もお金もかかりません（手間はそれなりにかかりますけど）。そう、やろうと思えば誰でもできるんです。できそうでしょう？

6：削るセット

銀はがしが目の前にあったら、削るじゃないですか!?

シンプルです。

●銀はがし→削る→中を注目する

ここまでがセットです。

銀はがしカードなどは、大手チェーンとか

ではよくある販促ですよね。作るのにお金がかかりそうな感じもしますでしょう?そんなことないんですよ。意外と。

「スクラッチシール」とインターネットで検索してみてください。通信販売でシールだけを購入することができます。1枚当たり数円~です。製品としてスクラッチ化されたカードを制作するとそれなりの費用が必要になりますが、自分で1枚ずつシールを貼る手間を惜しまなければ、低価格で始められますよ(写真4)。スクラッチもワクワクしますよねー。中の文字も注目度が高いです。

7：業種に合わせてセット行動

最後は、業種に合わせた「セット行動」です。

美容室・理美容室さんにご提案した事例を2つ紹介させてください。

どちらもお客さまの行動パターンを活用した事例です。

まずはシャンプーから戻ってきてのサプライズ。

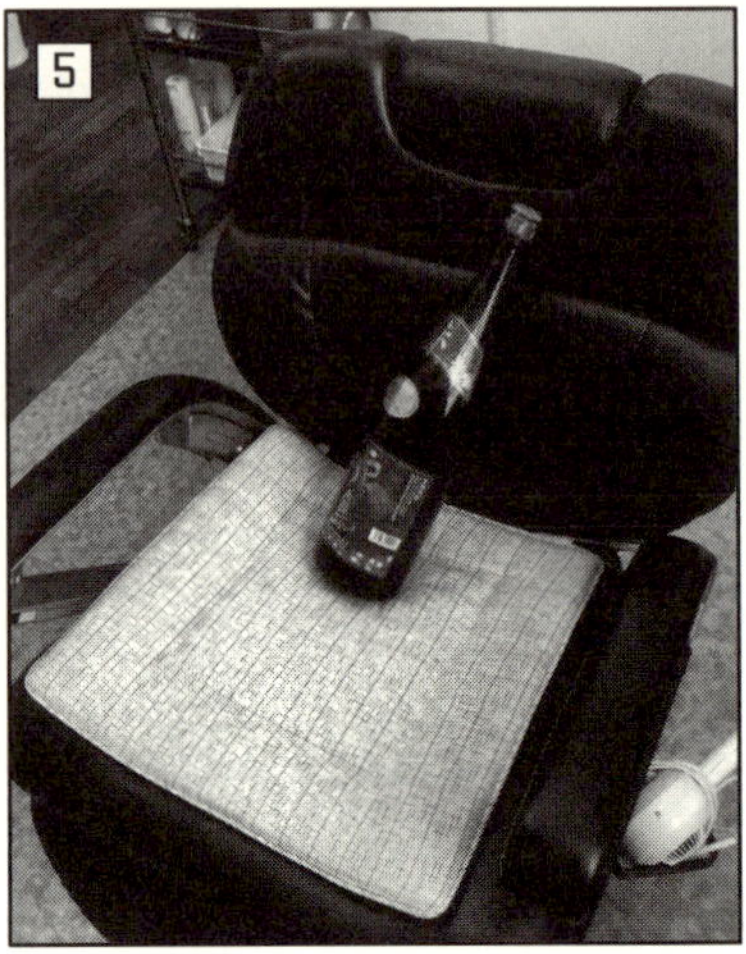
5

豊橋の理美容室Ｌｉｖｉムラタさんの事例。イスに焼酎ボトルが置かれています。お客さまがシャンプーで別の席に行っている間にサプライズセット。戻ってきてびっくりの「しかけ」です（写真5）。

●シャンプーに行く→戻ってくる→もう一度席に座る

美容室ではこういう行動が決まっているので、ここに合わせたアイデアです。実は私がご提案した時は実はボツ案で…「席におもちゃのうんちを置いたらオモシロいかも」なんて提案をしました。ボツのつもりで。それを村田さんが自店用に置き換えてくれたんです。素敵だ！

ちなみに、毎回焼酎ボトルをプレゼントしているわけではありません。この時は特別なお客さまで「お返しをする機会」だったそうです。ここに置くのはこんなに大きなものでなくてもいいです。お手紙の封筒を置いておくだけでも、お客さんは「おっ！」と気にかけてくれるでしょう。「封筒は開けるもの」ですからね。
最後は、美容室・髪処美人さんの事例でしめましょう。
クリームバスというオプションメニューの利用を促進したいという相談で提案をした案です。いくつも実践してくれて、利用されるお客さまも増えているのですが、そのうち2つの「しかけ」を。

雑誌をめくるとポップが貼られている。

こんな「しかけ」を提案したら、実践してくださいました（写真6）。

●席に座る→雑誌を数冊勧められる→選んで読む

美容室や理容室って、こういう行動がセットでしょう？（違うお店もあると思います）「雑誌を開く」という

6
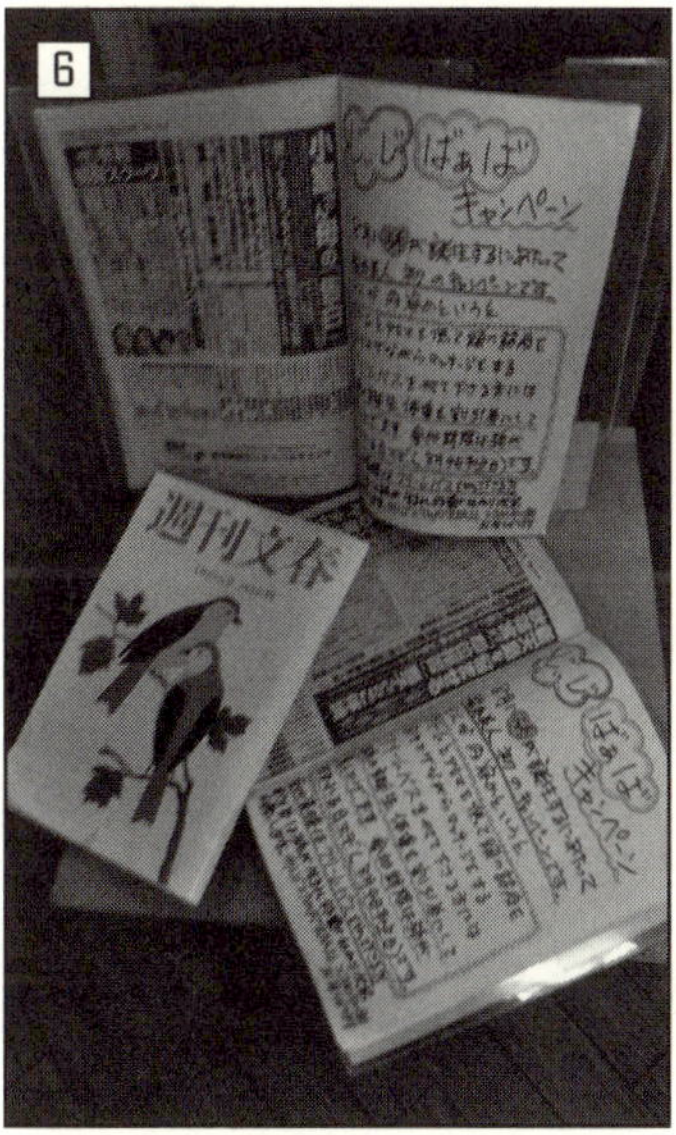

行動が頻繁に行われる業種です。だから、その途中にポップを入れました。いやがおうにも目に入るし、さすがに違和感があるから目に留まります。この雑誌が置かれているのが待合室でもいいんです。雑誌を開くという行動が普通に行われる業種だと捉えることが大事。

もう1つ、髪処美人さんの「しかけ」を。

鏡に映らないと読めない逆さ文字のふき出しポップを設置（写真7）。

店内には大きな人形のキャラクターがいました。そこにふき出しポップを取り付け。普通のふき出し文字ではなく逆さ文字です。普通には読めなくて鏡に映すと読めるようになる文字です。

●席に座る→鏡を見る

という美容室特有の行動を活かした「しかけ」です。

初めは鏡を通さずに見る方も多いでしょう。でも、読めないから鏡に映した状態で読む。そしたら読めるという寸法です。これもお客さまにウケがいいとのこと。よかったです。

そして、そのポップで紹介しているキャンペーンは「じいじばあばキャンペーン」というオーナーの高野さんの人がらに触れる素敵なキャンペーンなんです。詳細は省きますがすごく素敵なんです。そのキャンペーンのことを聞いたらより気になっちゃいますよ。

この「しかけ」を始める前も、店内はたくさんのポップを貼っていたのですが、既存のお客さまにはなかなか気に留めてもらえなかったようです。あえて直接目に触れるところにポップを置くことで気にかけてくださる方が増え、利用者も増えたとのこと。よかったよかったです。

業種によって、お店の形態によって、お客さまが一定の行動をとることってあります。必ず待ち時間がある業種だったり、待合室がある業種だったり、必ず通路を通るお店のカタチだったりと。そういうお客さまの行動に合わせて、「しかけ」を施しましょう。きっと手ごたえが得られますよ！

≪あとがき≫

限界です。

本書では一貫して、「人が3秒で自動的に動き始める小手先テクニック」をお伝えしてきました。全く学術的ではありませんが、私が販促をご一緒いただいた商売人さんと一緒に取り組んできた生々しい実体験集です。自信を持って、とことん出し切ったと言えます。

でも限界です。
これが限界。

小手先テクニックには限界があります。
いや、販売促進策にも限界があると考えています。私は。

本書でめいっぱい紹介してきた小手先テクニックを活用すると、お客さまを「3秒で自動的に動かす」ことができます。本当にです。

でも、そこまでです。
それ以上はできません。

小手先テクニックでは「売る」ことはできません。
小手先テクニックで「売上を上げる」ことはできない。

そもそも、**販売促進の本質は「売上を上げる」ことではない**と考えています。私は。
販売促進（販促）は、売り手を主語にした言葉です。言い換えると、お客さまよりも自分を中心にした自己中用語でもあるのです（反論されそう…怖いなぁ…）。

誤解しないでください。
商売をしている上で売上はめちゃくちゃ大事です。んもぅめちゃくちゃ大事です。売上がなかったら商売は続かないし、結果的にお客さまをハッピーにすることも叶いません。売上はめちゃくちゃ大事。

でも、販売促進の本質は「売上を上げることではない」。

では、何か。

私はこう考えています。

「お客さまのいい買い物促進」

本書の初めに書いた「しかけを考える上で大事なこと」の1位をまだ申し上げていませんでした。これです。

お客さまが我われのお店で買い物をして利用して、結果的に「いい買い物したー！」と思っていただくこと。これを促進するのが販売促進の役割だと思うのです。私は仕事上「販促・販売促進」という言葉を使っていますが（私の立場だと、お客さまを主語にした言葉でもあるんです）、やっぱり本質は「お客さまのいい買い物促進」だと考えています。

それがたくさん実現するようにするのが販促の役割です。

本書で一貫して紹介してきた「3秒で人が動く小手先テクニック」も役割は同じです。本当にいい商品を扱っていて、お客さまに喜んでほしいと願って商売をしている方にこのテクニックを使っていただけたら、そのステキさがスムーズにしっかりと伝わるようになるでしょう。これまでのように無理して説明したり、苦手な売り込みをしなくたってステキさが伝わるようになる。結果的に「いい買い物」は促進されるはずです。お店の売上も上がるはずです。

結果的に、売上を上げることはできる。

でも、販促や小手先テクニック自体では売れません。

ステキさに目を向けてもらうことまではできるけど、そこまでが限界です。

ホントに実力があって、お客さまに喜ばれる商売をされているなら、

きっと本書のテクニックはものすごく有効だし、役立ててもらえると確信しています。

そう、逆もしかりです。

どうかどうか、本書が役立ちますこと願っています。

もし、もっと販促ネタや事例をほしくなったら、私のＴｗｉｔｔｅｒやホームページも参考にしてください。結構な量の販促ネタを無料公開していますので。Ｔｗｉｔｔｅｒ：「まきやさねゆき」を調べてくださいね。ホームページ：「販促美人」「３秒販促」で調べてくださいね。


最後に、読まなくてもいいあとがきを（想いの吐露なので読まなくても問題なし！）。

本書は１０００日以上の期間を経て完成した本です。本当です。

「近代食堂」という飲食業界専門の月刊誌に連載させてもらった原稿をまとめ直したのが本書です。とは言っても全面的に、ホント全面的に書き直しましたし連載では書かなかった項目もだいぶ付け加えました。


この本が実現できたのは、本書の編集担当である北浦氏のおかげなんです。北浦氏が私の販促ネタを面白がってくれたからこの本ができたんです。北浦氏はすごく早いうちから私の理解者でいてくれた方です。数年前に出版できた本を近代食堂の編集部宛てに献本をして、その時に北浦氏が読んで書評を書いてくださいました（当時、副編集長でした）。その後、何度か単発の原稿を書かせていただく機会をいただきました（ホントありがとうございます！）。そして、北浦氏が編集長になるという時に、私の連載を立ち上げてくださったのです。ホントうれしい！2年後に別誌の編集長に異動になったのですが、その後も私の連載は面倒を見てくださいました。連載を始める時から「いつかまとめて本にしたい」と言ってくれていて、本当に実現してくれたのです。おそらく社内会議などではいろいろ苦労もあったと思うんです。本を1冊作るってカンタンなことじゃないはずです（私に分からない苦労も多いはず）。そうして本当に書籍化を決めてくれて実現に至りました。そうした約3年間の連載の原稿をまとめ直して、書き直したのが本書です。本当にありがたい。だからこそ私も何としてもいい本にしたかったのです。

そして、読んでくださる読者さまは、雑誌の連載に目を通す時と1冊の本を買う時はやっぱり違います。読者さまに本当に実用的なものになるようにと願って全面的に書き直しました。どうでしたでしょうか？いくつかでも「やってみよう」と思えるテクニックがあったら幸せです。それを実践してくれたら、もっと幸せです。そして、手ごたえをつかんでくれて、お客さまのいい買い物が増えて、お客さまもあなたもハッピーになっていたら、私もハッピーです。

ホント私って運がいいんです。ホントに運がいい。

人に恵まれています。お仕事をご一緒する商売人さんや仲良くしてくれる商売人さん方々、いろんな方に恵まれています。素晴らしい方ばっかり。全然実力はなく根性もない私ですが、なんとかかんとかやっているのは周りの人に恵まれているからです。休みの日に家族ぐるみで遊園地に行くような友達は一人もいませんが、私は勝手に友達・仲間だと思っています。いつもありがとうございます。（家族にも感謝してるよ！）

本書は「販売促進」の小手先テクニックがテーマだし、私の肩書は「しかけデザイナー」で販促企画を仕事にしていますから、「売上」というものを大事にしなきゃいけないんですが、それよりももっと大事にしたいことがやっぱりあります。

お客さまにいい買い物をしていただくこともそうだし、

「楽しむ」こともです。

仕事だからいつも楽しいわけじゃないです。

でも、楽しむ。楽しむ。楽しむ。

だって「楽しい」は状態を表す形容詞だけど、「楽しむ」は動詞だから。

だって「苦しい」は状態を表す形容詞だけど、「楽しむ」は動詞だから。

動詞は、自分の意志でできるはず。そうでしょう？


その方がいいことがたくさんになると思うんです。

共感し合えたお客さまとの仕事の方が、やっぱり楽しいしやりがいもある。

共感し合える商売人仲間と出会えるし、さらに力が高まる。

そんな風に仕事をしてきたい。そして、それで周りの小さなＨＡＰＰＹを増やしていけたらと願っています。これからもそうして生きていきます。


売上って大事なんだけど、結果でしかないと思うんですよ。

甘っちょろいですかね？


あ、最後の最後に言っとかなきゃ。

あなたは、脱がすのは好きですか？

それとも？

もし、本書のカバーを脱がすことがあるとしたら、それはお一人の時にしてくださいね☆

しかけデザイナー　まきやさねゆき

※もし、本書を面白がってくださり、Ｔｗｉｔｔｅｒなど ＳＮＳで投稿をしてやるぞ！と思ってくれたら「＃３秒販促」とつけてくださいね。ドキドキしながら私も見に行きます。

しかけデザイナー・株式会社はぴっく代表取締役　まきやさねゆき（眞喜屋実行）

横浜国立大学経営学部卒業。食品スーパーを経てコンサルティング会社に転職。飲食店やリサイクルブティックの店長を歴任。３年連続で優秀社員賞を受賞。2008 年に独立し、販促企画会社を設立。人が行動を起こす原理を分析して販促に活用。飲食店、美容室、整体院、エステサロン、学習塾、薬局、士業、講師、町工場など、個人店や中小企業を対象に「しかけ販促」でサポート。数々の販促アイデアを生み出し、強いこだわりを持ちながら商品の価値をうまく伝えられない、というクライアントの悩みを解決する。販促セミナーの実績は全国で 200 回以上にのぼる。著書に「お客様がお店のことを話したくなる！クチコミ販促 35 のスイッチ」（同文舘出版 ）、「お金を変えずに売上を上げる販促ネタ 77」（ぱる出版）などがある。

●株式会社はぴっく WEB ページ▶ http://haps.chu.jp/　https://kikakuman.com/
眞喜屋実行ツイッター▶ https://twitter.com/shikakeruhansok

編集／北浦岳朗
デザイン／1108GRAPHICS

SNSで広めたくなる　つい注文したくなる　また来店したくなる
狙い通りにお客さまが動く！しかける販促術

2019年11月26日　初版発行

著　者　眞喜屋実行
発行者　早嶋　茂
制作者　永瀬正人
発行所　株式会社　旭屋出版
〒160-0005　東京都新宿区愛住町23-2 ベルックス新宿ビルⅡ6階
TEL：03-5369-6423（販売部）／TEL：03-5369-6424（編集部）
FAX：03-5369-6431（販売部）
https://asahiya-jp.com/
郵便振替　00150-1-19572

印刷・製本　株式会社シナノパブリッシングプレス

ISBN978-4-7511-1401-8